현석샘과 새벽달이 함께하는

낭독하는 명연설문

BOOK · 3

이현석 · 새벽달(남수진) 지음

차 례

SPEECH 1 — 7
Elon Musk's Speech at Caltech, 2012
일론 머스크 캘리포니아 공과 대학교 졸업식 축사, 2012

SPEECH 2 — 43
Oprah Winfrey's Speech at Harvard University, 2013
오프라 윈프리 하버드 대학교 졸업식 축사, 2013

SPEECH 3 — 79
Roger Federer's Speech at Dartmouth College, 2024
로저 페더러 다트머스 대학교 졸업식 축사, 2024

SPEECH 4   115

Sheryl Sandberg's Speech at University of California, Berkeley, 2016

셰릴 샌드버그 UC 버클리 졸업식 축사, 2016

SPEECH 5   151

James Cameron's Speech at TED Conference, 2010

제임스 카메론 TED 강연, 2010

SPEECH 6   187

Jeff Bezos' Speech at Princeton University, 2010

제프 베이조스 프린스턴 대학교 졸업식 축사, 2010

QR 코드를 인식하여 이현석, 새벽달 선생님이 직접 설명하는 책 소개 및 활용법 영상을 확인해 보세요!

이 책은 이렇게 만들었어요!

1

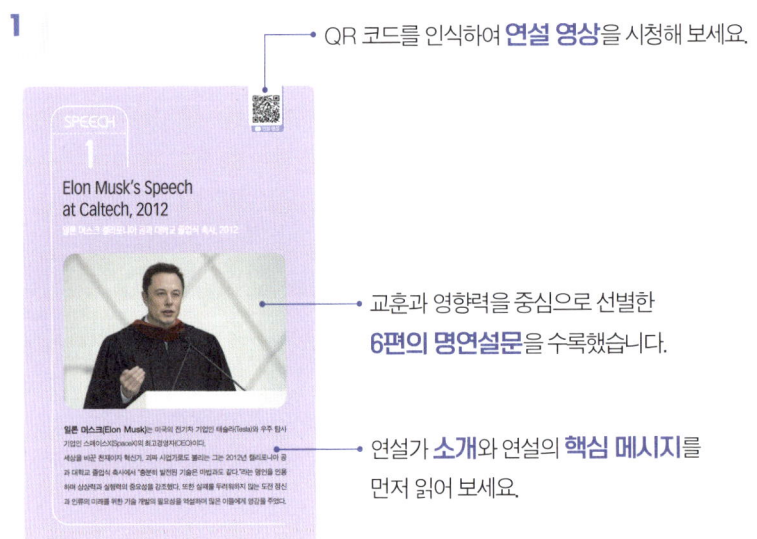

QR 코드를 인식하여 **연설 영상**을 시청해 보세요.

교훈과 영향력을 중심으로 선별한
6편의 명연설문을 수록했습니다.

연설가 **소개**와 연설의 **핵심 메시지**를
먼저 읽어 보세요.

2

각 연설문의 주요 내용을 **8개의 파트**로 나누어 수록했습니다.

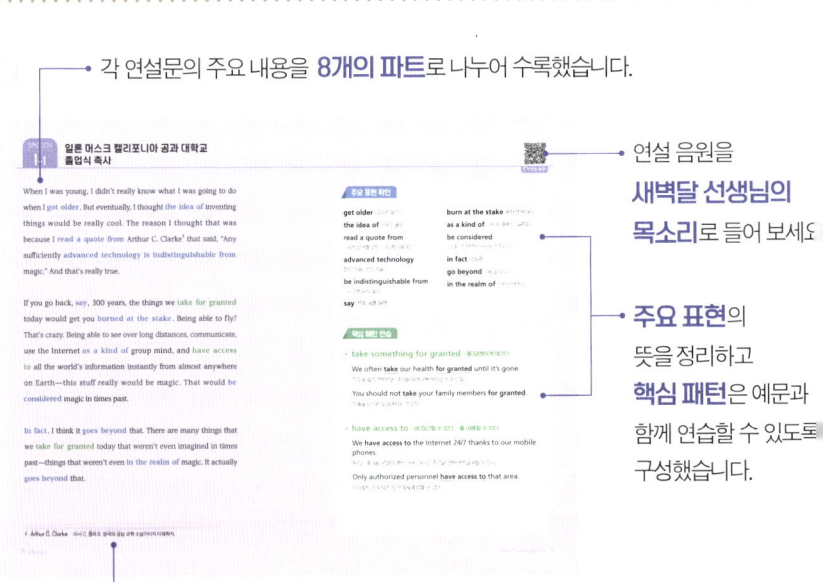

연설 음원을
**새벽달 선생님의
목소리**로 들어 보세요.

주요 표현의
뜻을 정리하고
핵심 패턴은 예문과
함께 연습할 수 있도록
구성했습니다.

각주를 참고하면 연설문의 내용을 더 깊이 이해할 수 있습니다.

3 이현석 선생님의 **강세와 청킹 가이드**에 맞춰 더욱 유창하게 낭독해 보세요.

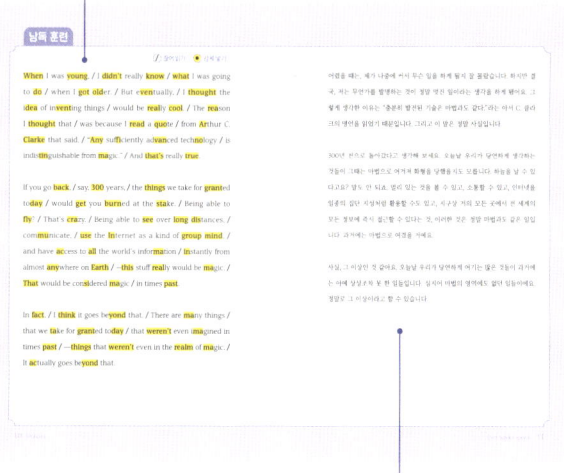

연설문의 번역도 확인해 보세요! **한국어 낭독**을 하는 것도 좋습니다.

4 한국어와 영어로 **요약된 연설문**을 참고하여
내용을 다시 한번 정리해 보세요.

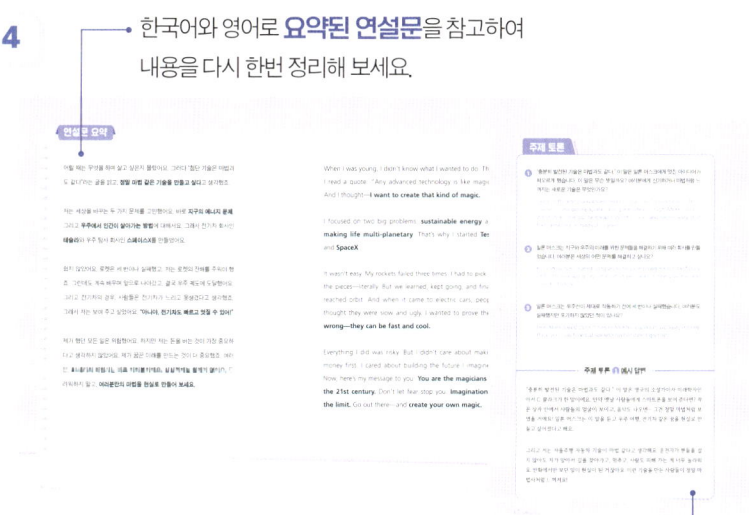

연설문과 관련된 **토론 주제**가 정리되어 있습니다.
다른 사람과 의견을 주고받거나, 연설문의 내용을 확장해서 생각해 보세요.

SPEECH

1

Elon Musk's Speech at Caltech, 2012

일론 머스크 캘리포니아 공과 대학교 졸업식 축사, 2012

일론 머스크(Elon Musk)는 미국의 전기차 기업인 테슬라(Tesla)와 우주 탐사 기업인 스페이스X(SpaceX)의 최고경영자(CEO)이다.

세상을 바꾼 천재이자 혁신가, 괴짜 사업가로도 불리는 그는 2012년 캘리포니아 공과 대학교 졸업식 축사에서 "충분히 발전된 기술은 마법과도 같다."라는 명언을 인용하며 상상력과 실행력의 중요성을 강조했다. 또한 실패를 두려워하지 않는 도전 정신과 인류의 미래를 위한 기술 개발의 필요성을 역설하며 많은 이들에게 영감을 주었다.

SPEECH 1-1 일론 머스크 캘리포니아 공과 대학교 졸업식 축사

When I was young, I didn't really know what I was going to do when I **got older**. But eventually, I thought **the idea of** inventing things would be really cool. The reason I thought that was because I **read a quote from** Arthur C. Clarke[1] that said, "Any sufficiently **advanced technology is indistinguishable from** magic." And that's really true.

If you go back, **say**, 300 years, the things we **take for granted** today would get you **burned at the stake**. Being able to fly? That's crazy. Being able to see over long distances, communicate, use the Internet **as a kind of** group mind, and **have access to** all the world's information instantly from almost anywhere on Earth—this stuff really would be magic. That would **be considered** magic in times past.

In fact, I think it **goes beyond** that. There are many things that we **take for granted** today that weren't even imagined in times past—things that weren't even **in the realm of** magic. It actually **goes beyond** that.

---

[1] Arthur C. Clarke 아서 C. 클라크. 영국의 공상 과학 소설가이자 미래학자.

주요 표현 확인

get older 나이가 들다
the idea of ~라는 생각
read a quote from ~에서 문구를 읽다, ~의 명언을 읽다
advanced technology 첨단 기술, 선진 기술
be indistinguishable from ~과 구분되지 않다
say 가령, 예를 들면

burn at the stake 화형에 처하다
as a kind of ~의 한 종류로, 일종의
be considered ~으로 여겨지다, ~으로 간주되다
in fact 사실은
go beyond ~을 넘어서다
in the realm of ~의 영역에서

핵심 패턴 연습

- **take something for granted** ~을 당연하게 여기다

  We often **take** our health **for granted** until it's gone.
  건강을 잃기 전까지는 그것을 당연하게 여기는 경우가 많다.

  You should not **take** your family members **for granted**.
  가족을 당연하게 여겨서는 안 된다.

- **have access to** ~에 접근할 수 있다, ~을 이용할 수 있다

  We **have access to** the Internet 24/7 thanks to our mobile phones.
  우리는 휴대폰 덕분에 항시(하루 24시간 주 7일) 인터넷에 접속할 수 있다.

  Only authorized personnel **have access to** that area.
  허가받은 관계자만 저 구역에 출입할 수 있다.

낭독 훈련

> / 끊어읽기   ● 강세 넣기

When I was young, / I didn't really know / what I was going to do / when I got older. / But eventually, / I thought the idea of inventing things / would be really cool. / The reason I thought that / was because I read a quote / from Arthur C. Clarke that said, / "Any sufficiently advanced technology / is indistinguishable from magic." / And that's really true.

If you go back, / say, 300 years, / the things we take for granted today / would get you burned at the stake. / Being able to fly? / That's crazy. / Being able to see over long distances, / communicate, / use the Internet as a kind of group mind, / and have access to all the world's information / instantly from almost anywhere on Earth / —this stuff really would be magic. / That would be considered magic / in times past.

In fact, / I think it goes beyond that. / There are many things / that we take for granted today / that weren't even imagined in times past / —things that weren't even in the realm of magic. / It actually goes beyond that.

어렸을 때는, 제가 나중에 커서 무슨 일을 하게 될지 잘 몰랐습니다. 하지만 결국, 저는 무언가를 발명하는 것이 정말 멋진 일이라는 생각을 하게 됐어요. 그렇게 생각한 이유는 "충분히 발전된 기술은 마법과도 같다."라는 아서 C. 클라크의 명언을 읽었기 때문입니다. 그리고 이 말은 정말 사실입니다.

300년 전으로 돌아갔다고 생각해 보세요. 오늘날 우리가 당연하게 생각하는 것들이 그때는 마법으로 여겨져 화형을 당했을지도 모릅니다. 하늘을 날 수 있다고요? 말도 안 되죠. 멀리 있는 것을 볼 수 있고, 소통할 수 있고, 인터넷을 일종의 집단 지성처럼 활용할 수도 있고, 지구상 거의 모든 곳에서 전 세계의 모든 정보에 즉시 접근할 수 있다는 것, 이러한 것은 정말 마법과도 같은 일입니다. 과거에는 마법으로 여겼을 거예요.

사실, 그 이상인 것 같아요. 오늘날 우리가 당연하게 여기는 많은 것들이 과거에는 아예 상상조차 못 한 일들입니다. 심지어 마법의 영역에도 없던 일들이에요. 정말로 그 이상이라고 할 수 있습니다.

SPEECH 1-2 일론 머스크 캘리포니아 공과 대학교 졸업식 축사

So I thought, "Well, if I can do some of those things—**basically**, if I can **advance technology**, that is like magic and that would be really cool."

I studied **physics** and business, because I figured **in order to** do a lot of these things, you need to know how the universe works, and you need to know how the economy works. You also need to be able to bring a lot of people together to work with you to create something, because **it's very difficult to** do something **as an individual** if it's a **significant** technology.

I originally came out to California to try to **figure out** how to improve the energy density of **electric vehicles**—**basically**, to **figure out** if there was an advanced capacitor that could **serve as an alternative to** batteries. And that was in 1995.

주요 표현 확인

basically 기본적으로, 사실상
advance technology 기술을 발전시키다
physics 물리학
in order to ~하기 위해
it's very difficult to ~하는 것은 매우 어렵다
as an individual 개인으로서
significant 중요한
electric vehicle 전기 자동차
an alternative to ~의 대안

핵심 패턴 연습

- **figure out** 파악하다

    It took me two days to **figure out** the problem.
    내가 문제점을 파악하기까지 이틀이 걸렸다.

    We need to **figure out** what went wrong.
    우리는 무엇이 잘못됐는지 파악해야 한다.

- **serve as** ~의 역할을 하다, ~으로 쓰이다

    This book **serves as** a guide for beginners.
    이 책은 초보자에게 안내서 역할을 한다.

    His story **serves as** an inspiration to others.
    그의 이야기는 다른 사람들에게 영감을 주는 역할을 하다

낭독 훈련

/ 끊어 읽기   ● 강세 넣기

So I thought, / "Well, if I can do some of those things / —basically, / if I can advance technology, / that is like magic / and that would be really cool."

I studied physics and business, / because I figured / in order to do a lot of these things, / you need to know / how the universe works, / and you need to know / how the economy works. / You also need to be able to / bring a lot of people together / to work with you to create something, / because it's very difficult / to do something as an individual / if it's a significant technology.

I originally came out to California / to try to figure out / how to improve the energy density of electric vehicles / —basically, / to figure out / if there was an advanced capacitor / that could serve as an alternative / to batteries. / And that was in 1995.

그래서 저는, "만약 내가 기술을 발전시킬 수 있다면, 그건 정말 마법과도 같은 아주 멋진 일일 거야."라고 생각하게 됐습니다.

저는 물리학과 경영학을 공부했습니다. 왜냐하면 이러한 일들을 하려면 우주가 어떻게 작동하는지, 경제가 어떻게 돌아가는지 알아야 하기 때문입니다. 또한 무언가를 만들기 위해 사람들을 한데 모을 수 있어야 합니다. 획기적인 기술이라는 건 개인 혼자만의 힘으로는 개발하기 어려우니까요.

처음에는 전기차의 에너지 밀도를 개선하는 방법을 찾기 위해 캘리포니아로 왔습니다. 즉, 배터리를 대체할 수 있는 첨단 축전기가 있는지 알아보려던 것이었습니다. 그때가 바로 1995년입니다.

SPEECH 1-3 일론 머스크 캘리포니아 공과 대학교 졸업식 축사

That's also when the Internet **started to** happen. And I thought I could either **pursue** this technology—where success may not be one of the possible outcomes, which is always tricky—or **participate in** the Internet and be part of it. So, I decided to **drop out**.

And I did some Internet **stuff**, you know. I've done a few things **here and there**, **one of which** is PayPal[1]. The initial thought with PayPal was to create **a conglomeration of financial services**, so you would have one place where all your **financial services** needs could be **seamlessly integrated** and work smoothly. And we **had a** little **feature**, which was through e-mail payments.

Whenever we'd **show** the system **off to** someone, we'd show the hard part, which was **the conglomeration of financial services**. Nobody was interested. Then we showed people e-mail payments, which was quite easy, and everybody was interested. So we **focused on** e-mail payments and tried to make that work. And that's what really made things **take off**.

---

1 **PayPal** 페이팔. 일론 머스크가 공동 창립한 온라인 금융 서비스 기업이다. 신용카드나 은행계좌 정보를 제공하지 않아도 결제가 가능한 서비스로 전자상거래의 혁신을 이끌었다.

연설 음원

주요 표현 확인

start to ~하기 시작하다
pursue ~을 추구하다
participate in ~에 참여하다
drop out 중퇴하다
stuff 이것저것
here and there 여기저기서
one of which 그중 하나

a conglomeration of ~의 복합체, ~의 모음
financial services 금융 서비스
seamlessly integrated 매끄럽게 통합된
have a feature 기능[특징]을 가지다
focus on ~에 집중하다

핵심 패턴 연습

- **show something off to someone**
  ~을 …에게 자랑하다, ~을 …에게 보여 주다

  He **showed** his new bike **off to** his friends.
  그는 친구들에게 새 자전거를 자랑했다.

  They **showed** their new app **off to** investors.
  그들은 투자자들에게 새 앱을 자랑하듯 시연했다.

- **take off** 본격적으로 시작되다

  Her singing career really **took off** last year.
  그녀의 가수 경력은 작년에 본격적으로 시작되었다.

  Our business project **took off** only after we got funding.
  우리의 사업 프로젝트는 자금을 받은 뒤에야 본격적으로 시작되었다.

Elon Musk's Speech

낭독 훈련

/ 끊어 읽기   ● 강세 넣기

That's also when the Internet / started to happen. / And I thought / I could either pursue this technology / —where success / may not be one of the possible outcomes, / which is always tricky / —or participate in the Internet / and be part of it. / So, / I decided to drop out.

And I did some Internet stuff, you know. / I've done a few things here and there, / one of which is PayPal. / The initial thought with PayPal / was to create a conglomeration / of financial services, / so you would have one place / where all your financial services needs / could be seamlessly integrated / and work smoothly. / And we had a little feature, / which was through e-mail payments.

Whenever we'd show the system off to someone, / we'd show the hard part, / which was the conglomeration / of financial services. / Nobody was interested. / Then we showed people / e-mail payments, / which was quite easy, / and everybody was interested. / So we focused on e-mail payments / and tried to make that work. / And that's what really made things / take off.

그 무렵 인터넷이 막 세상에 등장하기 시작했습니다. 그래서 저는 생각했어요. 성공을 장담할 수 없는 이 어려운 기술을 파고들 것인지, 아니면 인터넷이라는 흐름에 올라탈 것인지를요. 결국, 저는 학교를 그만두기로 결정했습니다.

그리고 여러분도 알다시피, 저도 인터넷 쪽에서 이런저런 일을 좀 했어요. 그중 하나가 '페이팔'이죠. 처음 페이팔을 고안했을 때는 다양한 금융 서비스를 하나로 묶어서 사람들이 금융 관련 업무를 모두 한 곳에서 편리하고 매끄럽게 할 수 있도록 하자는 것이었어요. 그리고 그중 작은 기능 하나가 바로 이메일을 통한 결제 기능이었죠.

우리가 개발한 시스템을 누군가에게 보여 줄 때마다 가장 설명하기 어려운 부분이 바로 여러 금융 서비스를 하나로 통합한 기능이었어요. 아무도 관심을 가지지 않더군요. 그런데 이메일 결제를 보여 줬더니, 사용법이 꽤 쉬워서 모두가 관심을 보이는 겁니다. 그래서 우리는 이메일 결제에 집중했고 이 기능을 제대로 작동시키기 위해 노력했습니다. 그게 바로 페이팔 사업이 도약하는 계기가 됐습니다.

SPEECH 1-4 일론 머스크 캘리포니아 공과 대학교 졸업식 축사

Going from PayPal, I thought, "Well, what are some other problems that **are most likely to** affect the future of humanity?" It really wasn't **from the perspective of**, "What's the **rank-ordered** best way to make money?"—which is okay—but it was really what I thought would most affect the future of humanity.

The biggest **terrestrial** problem we've got is **sustainable energy**. If we don't solve that, we're **in deep trouble**. And the other one is **the extension of** life beyond Earth to make life **multi-planetary**. So the latter **is the basis for** SpaceX[1] and the former **is the basis for** Tesla and SolarCity[2].

When I started SpaceX, I initially thought that **there was no way to** start a rocket company. I wasn't that crazy. But then, I thought, "Well, what is a way to **increase NASA's budget**?" That was actually my initial goal. I thought that if we could do a **low-cost mission** to Mars called Oasis, which would land with seeds in dehydrated nutrient gel and hydrate them **upon landing**, we'd have this great photo of green plants in a red background.

---

1 SpaceX 스페이스X. 일론 머스크가 설립한 항공우주 장비 제조 및 우주 탐사 기업이다.
2 SolarCity 솔라시티. 테슬라의 자회사로, 태양 에너지 서비스에 특화된 기업이다.

주요 표현 확인

going from
~을 시작으로, ~을 계기로

from the perspective of
~의 관점에서

rank-ordered 순위가 매겨진

terrestrial 지구의

sustainable energy
지속 가능한 에너지

be in deep trouble
큰 난관에 봉착하다

the extension of
~의 연장, ~의 확장

multi-planetary
다행성의, 여러 행성의

there is no way to
~할 방법이 없다, ~하기는 불가능하다

increase one's budget
~의 예산을 증액하다

low-cost mission 저비용 탐사

upon landing 착륙하자마자

핵심 패턴 연습

- **be most likely to** ~할 가능성이 가장 높다

  That team **is most likely to** win the tournament.
  저 팀이 이 대회에서 우승할 가능성이 가장 높다.

  This area **is most likely to** be affected by the storm.
  이 지역이 폭풍의 피해를 입을 가능성이 가장 높다.

- **be the basis for** ~의 기반이다, ~의 기초이다

  This idea **was the basis for** our project.
  이 아이디어는 우리 프로젝트의 기반이었다.

  Hard work **is the basis for** success.
  노력은 성공의 기반이다.

낭독 훈련

Going from PayPal, / I thought, / "Well, what are some other problems / that are most likely / to affect the future of humanity?" / It really wasn't from the perspective of, / "What's the rank-ordered best way / to make money?" / —which is okay— / but it was really / what I thought would most affect / the future of humanity.

The biggest terrestrial problem we've got / is sustainable energy. / If we don't solve that, / we're in deep trouble. / And the other one / is the extension of life beyond Earth / to make life multi-planetary. / So the latter / is the basis for SpaceX / and the former / is the basis for Tesla and SolarCity.

When I started SpaceX, / I initially thought that / there was no way to start a rocket company. / I wasn't that crazy. / But then, I thought, / "Well, what is a way / to increase NASA's budget?" / That was actually my initial goal. / I thought that / if we could do a low-cost mission to Mars called Oasis, / which would land with seeds / in dehydrated nutrient gel / and hydrate them upon landing, / we'd have this great photo of green plants / in a red background.

페이팔 이후, 저는 이렇게 생각했습니다. "그럼, 인류의 미래에 가장 큰 영향을 미칠 문제는 또 뭐가 있을까?" 이러한 생각은 "돈을 가장 잘 벌 수 있는 방법은 무엇일까?"라는 관점에서 출발한 것이 아니었어요. 물론 그런 관점도 괜찮지만, 제 고민은 정말로 '인류의 미래에 가장 큰 영향을 줄 문제가 무엇인가'에서 시작됐습니다.

우리가 직면한 지구상의 가장 큰 문제는 바로 지속 가능한 에너지입니다. 만약 이 문제를 해결하지 못하면, 우리는 큰 어려움에 처할 것입니다. 그리고 또 하나는 생명을 지구 밖으로 확장해서 인류를 다행성 종족으로 만드는 일입니다. 그래서 후자가 '스페이스X'의 기반, 전자가 '테슬라'와 '솔라시티'의 기반이 되었습니다.

제가 스페이스X를 시작했을 때, 처음에는 로켓 회사를 만드는 일은 불가능하다고 생각했습니다. 제가 그렇게까지 무모한 사람은 아니었거든요. 하지만 이내 저는 생각했죠. "NASA의 예산을 늘릴 수 있는 방법이 무엇일까?" 사실 이것이 제 초기 목표였습니다. 저는 '오아시스'라는 이름의 저비용 화성 탐사 미션을 하면 어떨까 생각했어요. 그 미션은 화성에 씨앗을 실어 보내, 탈수된 영양 젤 안에 담아 두었다가 착륙과 동시에 수분을 공급해 받아시키는 거였죠. 그러면 붉은 화성 표면 위에 초록 식물이 자라는 멋진 사진을 찍을 수 있을 거라고 생각했습니다.

SPEECH 1-5 일론 머스크 캘리포니아 공과 대학교 졸업식 축사

And I thought that would **get** people **really excited** and increase NASA's budget. Obviously, the **financial outcome from** such a mission would probably be zero. Anything better than that **was on the upside**. So I went to Russia three times to look at buying a **refurbished** ICBM[1], because that was the best deal.

After **making several trips to** Russia, I **came to the conclusion that** my **initial impression** was wrong. I originally thought that there was not enough will to explore and expand beyond Earth and have a Mars base, that kind of thing. That was wrong.

In fact, there's **plenty of will**, **particularly** in the United States. Because the United States is **a nation of** explorers, people who came here from other parts of the world. I think the United States is really **a distillation of** the spirit of human exploration. But if people think it's impossible—that it's going to completely break the **federal** budget—they're not going to do it.

---

1 ICBM 대륙 간 탄도 미사일. Intercontinental Ballistic Missile의 약자로, 대양을 넘어 다른 대륙에 위치한 전략적 목표를 타격할 수 있는 장거리 탄도 미사일을 말한다. 대기권을 벗어났다가 다시 진입하는 방식이 우주 발사체와 같기 때문에, 우주 발사체 개발에 활용되기도 한다.

주요 표현 확인

get someone really excited
~에게 큰 흥미를 불러일으키다

financial outcome from
~의 재정적 결과

be on the upside
(그나마) 긍정적인 면이다, 덤이다

refurbished 재정비된, 개조된

make several trips to
~에 여러 번 가다, ~을 몇 차례 방문하다

initial impression 첫인상
plenty of will 충분한 의지
particularly 특히
a nation of ~의 나라
federal 연방의, 연방 정부의

핵심 패턴 연습

- **come to the conclusion that**
  ~라는 결론에 도달하다, ~라고 판단하다

  I **came to the conclusion that** he was right.
  나는 그가 옳았다는 결론에 도달했다.

  She **came to the conclusion that** she needed a vacation.
  그녀는 휴가가 필요하다는 결론을 내렸다.

- **a distillation of** ~의 정수, ~을 응축한 결과

  Her design is **a distillation of** simplicity and elegance.
  그녀의 디자인은 단순함과 우아함의 정수이다.

  This book is **a distillation of** years of research.
  이 책은 수년간의 연구를 응축한 결과이다.

And I thought / that would get people really excited / and increase NASA's budget. / Obviously, / the financial outcome from such a mission / would probably be zero. / Anything better than that / was on the upside. / So I went to Russia three times / to look at buying a refurbished ICBM, / because that was the best deal.

After making several trips to Russia, / I came to the conclusion / that my initial impression was wrong. / I originally thought that / there was not enough will to explore / and expand beyond Earth / and have a Mars base, / that kind of thing. / That was wrong.

In fact, / there's plenty of will, / particularly in the United States. / Because the United States / is a nation of explorers, / people who came here / from other parts of the world. / I think the United States / is really a distillation / of the spirit of human exploration. / But if people think it's impossible / —that it's going to completely break the federal budget / —they're not going to do it.

저는 그 사진이 사람들을 정말 열광시켜서 NASA의 예산을 늘리는 데 도움이 될 거라고 생각했어요. 물론 그런 미션에서 경제적 이익은 아마 '0'에 가까울 거라는 것도 알고 있었죠. 그보다 나은 결과가 나오면 그건 그냥 덤이었어요. 그래서 저는 러시아에 세 번이나 가서 개조된 대륙 간 탄도 미사일(ICBM)을 사는 방안을 알아봤습니다. 그게 가장 합리적인 선택처럼 보였거든요.

러시아를 몇 차례 방문한 후, 저는 제가 처음 가졌던 생각이 틀렸다는 결론에 이르게 됐습니다. 처음에는 사람들이 지구 밖으로 탐험하고 확장하며 화성에 기지를 세우는 것과 같은 일에 충분한 의지가 없다고 생각했습니다. 하지만 그건 잘못된 생각이었죠.

사실, 의지는 충분히 있습니다. 특히 미국에서는요. 미국은 탐험가들의 나라, 즉 세계 여러 지역에서 온 사람들의 나라이기 때문입니다. 저는 미국이야말로 인간 탐험 정신의 결정체라고 생각합니다. 하지만 사람들이 그 일이 불가능하다고 믿거나, 그게 연방 예산을 완전히 파탄 낼 거라고 생각한다면, 사람들은 그 일을 추진하지 않을 것입니다.

 일론 머스크 캘리포니아 공과 대학교
졸업식 축사

So after my third trip, I said, "Okay, **what we really need to do** here is try to solve the space transport problem and start SpaceX."

This **was against the advice of** pretty much everyone I talked to. One friend made me watch **a bunch of** videos of rockets **blowing up**. Let me tell you—he wasn't far wrong. It **was tough going** there **in the beginning**, because I had never built anything physical. So I had to figure out how to do all these things and **bring together the right team of people**.

We did all that, and then failed three times. It **was tough going**. After the first launch, I was **picking up bits of** rocket near the launch site. But we learned with each **successive** flight. Eventually, with the fourth flight in 2008, we were able to **reach orbit**.

주요 표현 확인

the advice of ~의 조언
a bunch of 한 무더기의, 한 무리의, 여러 개의
blow up 폭발하다
be tough going ~이 정말 힘들다
in the beginning 맨 처음에는
bring together 모으다

the right team of people 적합한 사람들로 구성된 팀
pick up bits of ~의 조각을 주워 모으다
successive 연속적인, 연이은
reach orbit 궤도에 도달하다, 궤도에 진입하다

핵심 패턴 연습

- **what one really needs to do** ~가 정말로 해야 할 일

    What we **really need to do** is stop arguing and work together.
    우리가 정말로 해야 할 일은 싸움을 멈추고 협력하는 것이다.

    What you **really need to do** is find a better solution.
    네가 정말로 해야 할 일은 더 나은 해결책을 찾는 것이다.

- **be against** ~에 반대하다, ~에 반하다

    Many people **are against** the new policy.
    많은 사람들이 새로운 정책에 반대하고 있다.

    He **was against** spending more money on the project.
    그는 그 프로젝트에 돈을 더 쓰는 것에 반대했다.

낭독 훈련

So after my third trip, / I said, / "Okay, what we really need to do here / is try to solve the space transport problem / and start SpaceX."

This was against the advice / of pretty much everyone I talked to. / One friend / made me watch a bunch of videos of rockets / blowing up. / Let me tell you / —he wasn't far wrong. / It was tough going there / in the beginning, / because I had never built anything physical. / So I had to figure out / how to do all these things / and bring together the right team of people.

We did all that, / and then failed three times. / It was tough going. / After the first launch, / I was picking up bits of rocket / near the launch site. / But we learned with each successive flight. / Eventually, / with the fourth flight in 2008, / we were able to reach orbit.

그래서 세 번째 러시아 방문을 마친 뒤, 저는 이렇게 말했습니다. "좋아, 이제 우리가 진짜 해야 할 일은 우주 수송 문제를 해결하려고 시도하는 것이고, 그걸 위해 스페이스X를 시작하는 거야."

이는 제가 대화를 나눴던 거의 모든 사람들의 조언에 반하는 일이었습니다. 한 친구는 저에게 로켓이 폭발하는 영상을 여러 개 보여 주기도 했습니다. 솔직히 말해서, 그 친구의 말이 크게 틀리지는 않았습니다. 처음에는 힘들었습니다. 저는 그전까지 뭔가 물리적인 것을 만들어 본 적이 한 번도 없었거든요. 그래서 이런 모든 일을 어떻게 해야 하는지 스스로 배워야 했고, 올바른 팀을 꾸려야 했습니다.

우리는 그 모든 것을 해냈지만, 세 번이나 실패했어요. 정말 힘든 시간이었죠. 첫 번째 발사 이후에는 발사장 근처에서 로켓 파편을 주워야 했습니다. 하지만 비행을 거듭할 때마다 우리는 무언가를 배우며 발전해 나갔습니다. 그리고 결국 2008년에 네 번째 비행에서 우리는 궤도 진입에 성공할 수 있었습니다.

일론 머스크 캘리포니아 공과 대학교 졸업식 축사

We got the Falcon 1[1] to orbit. Then we began to **scale** it **up to** the Falcon 9[2]. We **managed to** get that to orbit, and then developed the Dragon[3] spacecraft, which recently **docked to** the **space station** and returned to Earth from the **space station**.

That was a **white-knuckle** event. It was **a huge relief**. I still can't believe it actually happened.

It**'s worth** noting that Earth **has been around** for 4 billion years, but civilization—**in terms of** having writing—has been about 10,000 years, and that's being generous. And I'm actually fairly optimistic about the future of Earth. I think things will most **likely** be okay for a long time on Earth. Not for sure, but most **likely**.

But even if it's 99% **likely**, a 1% chance **is** still **worth** spending a fair bit of effort to ensure that we **back up the biosphere** and create **planetary redundancy**, if you will. And I think it's really quite important.

---

1 Falcon 1. 팰컨 1. 스페이스X가 개발한 첫 번째 우주 발사체. 민간 기업 최초로 궤도 진입에 성공하였다.
2 Falcon 9. 팰컨 9. 스페이스X가 개발한 우주 발사체로, 팰컨 1의 기술을 발전시킨 형태이며 로켓의 일부를 회수해 재사용할 수 있다.
3 Dragon. 드래곤. 스페이스X가 개발한 우주선으로, 화물과 승객을 국제 우주 정거장(ISS)으로 수송한다.

주요 표현 확인

scale something up to ~을 …으로 확장하다, ~의 규모를 키우다

dock to ~에 도킹하다

space station 우주 정거장

white-knuckle 손에 땀을 쥐게 하는

a huge relief 큰 안도감, 큰 위안

be worth ~할 만한 가치가 있다

in terms of ~의 관점에서

likely ~할 것 같은, 가능성이 있는

back up the biosphere 생물권을 복제하여 보존하다

planetary redundancy 행성의 여분

핵심 패턴 연습

- **manage to** 간신히 ~하다, 결국 ~을 해내다

  She **managed to** catch the last bus.
  그녀는 간신히 마지막 버스를 탔다.

  We finally **managed to** reach the top of the mountain.
  우리는 마침내 산 꼭대기에 도달했다.

- **have been around** 존재해 왔다

  This tradition **has been around** for centuries.
  이 전통은 수세기 동안 존재해 왔다.

  Electric cars **have been around** longer than most people think.
  전기차는 사람들이 생각하는 것보다 훨씬 오래전부터 존재해 왔다.

낭독 훈련

We got the Falcon 1 to orbit. / Then we began to scale it up / to the Falcon 9. / We managed to get that to orbit, / and then / developed the Dragon spacecraft, / which recently docked to the space station / and returned to Earth / from the space station.

That was a white-knuckle event. / It was a huge relief. / I still can't believe / it actually happened.

It's worth noting that / Earth has been around for 4 billion years, / but civilization / —in terms of having writing / —has been about 10,000 years, / and that's being generous. / And I'm actually fairly optimistic / about the future of Earth. / I think things will most likely be okay / for a long time on Earth. / Not for sure, / but most likely.

But even if it's 99% likely, / a 1% chance / is still worth spending a fair bit of effort / to ensure that we back up the biosphere / and create planetary redundancy, / if you will. / And I think it's really / quite important.

우리는 결국 '팰컨 1' 로켓을 궤도에 올리는 데 성공했습니다. 그리고 그걸 기반으로 '팰컨 9' 로켓으로 규모를 키우기 시작했죠. '팰컨 9'도 궤도에 올리는 데 성공했고, 그다음에는 우주선 '드래곤'을 개발했습니다. 드래곤은 최근에 우주 정거장에 도킹했다가 지구로 무사히 귀환하기도 했습니다.

정말이지 손에 땀을 쥐게 하는 사건이었습니다. 엄청난 안도감이 들었습니다. 저는 아직도 그 일을 해냈다는 사실이 믿기지 않습니다.

주목할 만한 점은, 지구가 40억 년 동안 존재해 왔지만, 문명을 이루고 글을 써 온 시간은 많게 잡아도 약 1만 년 정도에 불과하다는 겁니다. 이것도 후하게 계산한 거죠. 그리고 저는 사실 지구의 미래에 대해 꽤 낙관적인 편입니다. 지구는 앞으로도 오랫동안 괜찮을 거라고 생각합니다. 물론 100% 확신할 수는 없지만, 그럴 가능성이 높죠.

하지만 괜찮을 가능성이 99%라고 해도, 나머지 1%의 가능성을 대비하기 위해 상당한 노력을 기울일 가치는 충분히 있습니다. 생명권을 보호하고, 말하자면 '행성 차원의 백업'을 만들어 두는 것이죠. 그리고 저는 정말로 이것이 매우 중요하다고 생각합니다.

일론 머스크 캘리포니아 공과 대학교 졸업식 축사

In order to do that, a **breakthrough** needs to occur which is to create a rapidly and completely **reusable transport system** to Mars, which **is one of** those things that's **right on the borderline of** impossible. But, that's **the sort of thing** that we're trying to achieve with SpaceX.

Then, **on the** Tesla **front**, the goal was really to try to show what electric cars can do. We had to **change people's perceptions of** electric vehicles, because they **used to think of** them **as** something slow, ugly, and with **low range**, like a golf cart.

The point I want to make is that you guys are the magicians of the 21st century. Don't let anything **hold** you **back**. Imagination is the limit. Go out there and create some magic. Thank you.

주요 표현 확인

breakthrough 돌파구, 획기적인 발전

reusable transport system
재사용 가능한 운송 시스템

be one of ~ 중의 하나이다

the sort of thing
그런 부류의 것

on the something front
~의 측면에서 볼 때, ~과 관련된 부분에서는

change one's perceptions of
~에 대한 …의 인식을 바꾸다

used to ~하고는 했다

think of something as
~을 …처럼 생각하다

low range 짧은 주행 거리

hold someone back
~를 저지하다

핵심 패턴 연습

- **be right on the borderline of** 딱 ~의 경계에 있다

  The plan **was right on the borderline of** success and failure.
  그 계획은 딱 성공과 실패의 경계에 있었다.

  His jokes **are right on the borderline of** being funny and offensive.
  그의 농담들은 딱 웃긴 것과 불쾌한 것의 경계에 있다.

- **The point one wants to make is that** ~의 요지는 …이다

  The point I **want to make is that** failure is part of the learning process.
  내 말의 요지는 실패도 배우는 과정의 일부라는 점이다.

  The point I **want to make is that** every voice matters.
  내 말의 요지는 모든 사람의 의견이 중요하다는 것이다.

In order to **do** that, / a **break**through needs to oc**cur** / which is to cre**a**te / a **ra**pidly and com**ple**tely re**u**sable **trans**port system to **Mars**, / which is **one** of those **things** / that's **right** on the **bor**derline of im**pos**sible. / But, **that's** the sort of **thing** / that we're trying to a**chie**ve with **Spa**ceX.

Then, on the **Tes**la front, / the **goal** was really to **try** to **show** / **what** e**lec**tric cars can **do**. / We **had** to **chan**ge people's per**cep**tions of e**lec**tric **ve**hicles, / because they **u**sed to **think** of them / as something **slow**, / **u**gly, / and with **low ran**ge, / like a **golf** cart.

The **point** I want to **ma**ke is that / you **guys** are the ma**gi**cians / of the **21st cen**tury. / **Don't** let **a**nything / **hold** you **back**. / Imagi**na**tion is the **li**mit. / Go **out** there / and cre**a**te some **ma**gic. / **Thank** you.

그것을 이루기 위해서는 하나의 돌파구가 필요합니다. 돌파구란 바로 화성까지 가는 빠르고 완전히 재사용 가능한 수송 시스템을 만드는 것이죠. 이건 사실상 불가능과 가능의 경계에 있는 일 중 하나입니다. 하지만 바로 그런 일을 스페이스X가 이루기 위해 도전하고 있는 것입니다.

그리고 테슬라 측면에서는, 전기차가 무엇을 할 수 있는지 보여 주는 것이 목표였습니다. 우리는 전기차에 대한 사람들의 인식을 바꿔야 했습니다. 왜냐하면, 사람들은 전기차를 느리고, 못생기고, 주행 거리가 짧은 골프 카트처럼 생각했기 때문입니다.

제 말의 요지는 여러분이 바로 21세기의 마법사라는 것입니다. 그 어떤 것도 여러분을 가로막지 못하게 하세요. 상상력에는 한계가 없습니다. 세상 밖으로 나가 멋진 마법을 만들어 보세요. 감사합니다.

연설문 요약

어릴 때는 무엇을 하며 살고 싶은지 몰랐어요. 그러다 "첨단 기술은 마법과도 같다"라는 글을 읽고, **정말 마법 같은 기술을 만들고 싶다**고 생각했죠.

저는 세상을 바꾸는 두 가지 문제를 고민했어요. 바로 **지구의 에너지 문제**, 그리고 **우주에서 인간이 살아가는 방법**에 대해서요. 그래서 전기차 회사인 **테슬라**와 우주 탐사 회사인 **스페이스X**를 만들었어요.

쉽지 않았어요. 로켓은 세 번이나 실패했고, 저는 로켓의 잔해를 주워야 했죠. 그런데도 계속 배우며 앞으로 나아갔고, 결국 우주 궤도에 도달했어요. 그리고 전기차의 경우, 사람들은 전기차가 느리고 못생겼다고 생각했죠. 그래서 저는 보여 주고 싶었어요. **"아니야, 전기차도 빠르고 멋질 수 있어!"**

제가 했던 모든 일은 위험했어요. 하지만 저는 돈을 버는 것이 가장 중요하다고 생각하지 않았어요. 제가 꿈꾼 미래를 만드는 것이 더 중요했죠. 여러분, **21세기의 마법사는 바로 여러분이에요. 상상력에는 한계가 없어요.** 두려워하지 말고, **여러분만의 마법을 현실로 만들어 보세요.**

When I was young, I didn't know what I wanted to do. Then I read a quote: "Any advanced technology is like magic." And I thought—**I want to create that kind of magic.**

I focused on two big problems: **sustainable energy** and **making life multi-planetary**. That's why I started **Tesla** and **SpaceX**.

It wasn't easy. My rockets failed three times. I had to pick up the pieces—literally. But we learned, kept going, and finally reached orbit. And when it came to electric cars, people thought they were slow and ugly. I wanted to prove them **wrong—they can be fast and cool.**

Everything I did was risky. But I didn't care about making money first. I cared about building the future I imagined. Now, here's my message to you: **You are the magicians of the 21st century.** Don't let fear stop you. **Imagination is the limit.** Go out there—and **create your own magic.**

주제 토론

① "충분히 발전된 기술은 마법과도 같다." 이 말은 일론 머스크에게 멋진 아이디어가 떠오르게 했습니다. 이 말은 무슨 뜻일까요? 여러분에게 신기하거나 마법처럼 느껴지는 새로운 기술은 무엇인가요?

"Any sufficiently advanced technology is indistinguishable from magic." This quote sparked a great idea in Elon Musk's mind. What does this quote mean? What is one new technology that feels amazing or magical to you?

② 일론 머스크는 지구와 우주의 미래를 위한 문제들을 해결하기 위해 여러 회사를 만들었습니다. 여러분은 세상의 어떤 문제를 해결하고 싶나요?

Elon Musk has created companies to solve problems for the future of Earth and space. What kind of problems in the world would you like to solve?

③ 일론 머스크는 우주선이 제대로 작동하기 전에 세 번이나 실패했습니다. 여러분도 실패했지만 포기하지 않았던 적이 있나요?

Elon Musk failed three times before his spacecraft worked properly. Have you ever failed at something but didn't give up?

··· **주제 토론 ① 예시 답변** ···

"충분히 발전된 기술은 마법과도 같다." 이 말은 영국의 소설가이자 미래학자인 아서 C. 클라크가 한 말이에요. 만약 옛날 사람들에게 스마트폰을 보여 준다면? 작은 상자 안에서 사람들의 얼굴이 보이고, 음악도 나오면… 그건 정말 마법처럼 보였을 거예요! 일론 머스크는 이 말을 듣고 우주 여행, 전기차 같은 꿈을 현실로 만들고 싶어졌다고 해요.

그리고 저는 자율주행 자동차 기술이 마법 같다고 생각해요. 운전자가 핸들을 잡지 않아도 차가 알아서 길을 찾아가고, 멈추고, 사람도 피해 가는 게 너무 놀라워요. 만화에서만 보던 일이 현실이 된 거잖아요. 이런 기술을 만든 사람들이 정말 마법사처럼 느껴져요!

SPEECH 2

Oprah Winfrey's Speech at Harvard University, 2013

오프라 윈프리 하버드 대학교 졸업식 축사, 2013

오프라 윈프리(Oprah Winfrey)는 미국의 전설적인 토크쇼 프로그램 '오프라 윈프리 쇼'를 25년간 진행한 유명 방송인이자 자선가이다.
그녀는 2013년 하버드 대학교 졸업식 연설에서, 실패와 좌절을 딛고 일어선 자신의 경험을 바탕으로, 진정한 성공은 내면의 목소리를 따르고 타인을 도우며 목적 있는 삶을 살아가는 데 있다고 강조했다. 이 연설은 많은 사람들에게 용기와 희망을 주었고, 실패조차 새로운 방향을 위한 과정임을 일깨워 주었다.

SPEECH 2-1 오프라 윈프리 하버드 대학교 졸업식 축사

I **thank** you **for allowing** me **to** be **part of** the conclusion of this chapter of your lives and the **commencement** of your next chapter. My one hope today is that I can be **a source of** some inspiration. I'm going to **address my remarks to** anybody who has ever felt **inferior**, **disadvantaged**, or **screwed** by life.

You know, my television career began **unexpectedly**. As you heard this morning, I was in the Miss Fire Prevention contest. That was when I was 16 years old in Nashville, Tennessee. During the **question-and-answer period**, the question came, "Young lady, what would you like to be when you grow up?"

And I answered, "I would like to be a journalist. I would like to tell other people's stories **in a way that makes a difference** in their lives and the world." And as those words were **coming out of my mouth**, I thought, "Whoa! This is pretty good. I would like to be a journalist. I want to **make a difference**."

주요 표현 확인

thank someone for ~에게 …으로 감사하다

part of ~의 일부

commencement 시작, 졸업식

a source of ~의 원천

address one's remarks to ~의 말을 …에게 전하다

inferior 열등한

disadvantaged 혜택받지 못한, 불리한

screwed 엉망진창인, 속은

unexpectedly 예기치 못하게

question-and-answer period 질의응답 시간

in a way that ~하는 방식으로

come out of one's mouth (말이) ~의 입에서 나오다

핵심 패턴 연습

- **allow someone to**
  ~가 …할 수 있게 하다, ~가 …할 수 있도록 허락하다

  This app **allows** users **to** edit photos easily.
  이 앱은 사용자들이 사진을 쉽게 편집할 수 있도록 해 준다.

  My parents **allowed** me **to** stay out late.
  부모님은 내가 늦게까지 밖에 있어도 된다고 허락하셨다.

- **make a difference** 긍정적인 영향을 주다, 변화를 만들다

  I want to **make a difference** in the world.
  나는 세상에 좋은 변화를 가져오는 사람이 되고 싶다.

  Even small actions can **make a difference**.
  작게 느껴지는 행동이라도 변화를 일으킬 수 있다.

낭독 훈련

I thank you for allowing me / to be part of the conclusion / of this chapter of your lives / and the commencement of your next chapter. / My one hope today is that / I can be a source of some inspiration. / I'm going to address my remarks / to anybody who has ever felt inferior, / disadvantaged, / or screwed by life.

You know, my television career / began unexpectedly. / As you heard this morning, / I was in the Miss Fire Prevention contest. / That was when I was 16 years old / in Nashville, Tennessee. / During the question-and-answer period, / the question came, / "Young lady, / what would you like to be / when you grow up?"

And I answered, / "I would like to be a journalist. / I would like to tell other people's stories / in a way that makes a difference in their lives / and the world." / And as those words / were coming out of my mouth, / I thought, "Whoa! / This is pretty good. / I would like to be a journalist. / I want to make a difference."

여러분 인생의 한 챕터가 마무리되고 새로운 챕터가 시작되는 이 자리에 함께 할 수 있게 해 주셔서 감사합니다. 오늘 제가 바라는 단 한 가지는 여러분께 조금이나마 영감을 드리는 것입니다. 열등감, 불이익, 인생의 좌절감을 경험해 본 적 있는 모든 분들에게 제 이야기를 전하고자 합니다.

여러분도 아시겠지만, 저의 TV 경력은 예상치 않게 시작되었습니다. 오늘 아침에 들으셨듯이, 저는 '미스 화재 예방 대회'에 참가했었죠. 제가 열여섯 살 때, 테네시주 내슈빌에서 있었던 일입니다. 질의응답이 시작되자 이런 질문이 나왔습니다. "어린 숙녀분, 나중에 커서 뭐가 되고 싶나요?"

저는 이렇게 대답했습니다. "저는 기자가 되고 싶어요. 사람들의 이야기를, 그들의 삶을 바꾸고 세상을 바꾸는 방식으로 전달하고 싶어요." 그리고 그 말이 제 입에서 나오던 순간, 저는 속으로 생각했어요. "우와! 이거 꽤 괜찮은데? 그래, 난 기자가 되고 싶어. 나는 변화를 일으키는 사람이 되고 싶어."

SPEECH 2-2 오프라 윈프리 하버드 대학교 졸업식 축사

Well, I was on television **by the time** I was 19 years old. In 1986, I launched my own television show **with determination to** succeed. At first, I **was nervous about** the competition. But then, I became my own competition—**raising the bar** every year and **pushing myself as hard as** I **could**. Eventually, we did **make it to the top** and we stayed there for 25 years.

"The Oprah Winfrey Show"[1] was number one in our time slot for 21 years, and I became pretty comfortable with that level of success. But a few years ago, I decided that it was time to **break new ground**. So I ended the show and launched "OWN", the "Oprah Winfrey Network".

One year later, after launching OWN, nearly every media outlet had **proclaimed** that my new venture was a big **flop**. It really was the worst period of my professional life. I was stressed and **frustrated**. Quite frankly, I was embarrassed.

---

1 The Oprah Winfrey Show 오프라 윈프리 쇼. 1986년부터 2011년까지 미국 전역에서 방영된 전설적인 토크쇼로, 오프라 윈프리가 직접 진행을 맡았다. 전 세계적으로 유명한 인물들이 다수 출연해 화제를 모았으며, 1990~2000년대 미국 대중문화를 대표하는 프로그램 중 하나로 평가받는다.

연설 음원

주요 표현 확인

by the time ~즈음에, ~때쯤

with determination to ~할 결심으로

be nervous about ~에 대해 긴장하다, ~에 대해 걱정하다

raise the bar 기준을 높이다, 기대치를 올리다

push oneself 스스로를 몰아붙이다

as hard as one could ~가 할 수 있는 한 열심히, ~가 최선을 다해

proclaim 선언하다, 공표하다

flop 실패작

frustrated 낙담한, 답답한

핵심 패턴 연습

- **make it to the top** 정상에 오르다, 최고가 되다

    Only a few players **make it to the top** in professional basketball.
    프로 농구의 세계에서 정상에 오르는 선수는 몇 안 된다.

    Even if you **make it to the top**, you must keep working hard to stay there.
    정상에 오르더라도, 그 자리에 머무르기 위해서는 계속 노력해야 한다.

- **break new ground** 새로운 길을 개척하다, 혁신을 이루다

    The scientist **broke new ground** in cancer research.
    그 과학자는 암 연구에서 새로운 길을 개척했다.

    The company **is breaking new ground** with its latest AI model.
    그 회사는 최신 AI 모델로 혁신을 이루어 내고 있다.

낭독 훈련

/ 끊어 읽기   ● 강세 넣기

Well, I was on television / by the time I was 19 years old. / In 1986, / I launched my own television show / with determination to succeed. / At first, / I was nervous about the competition. / But then, / I became my own competition / —raising the bar every year / and pushing myself / as hard as I could. / Eventually, / we did make it to the top / and we stayed there for 25 years.

The "Oprah Winfrey Show" / was number one in our time slot / for 21 years, / and I became pretty comfortable / with that level of success. / But a few years ago, / I decided that it was time / to break new ground. / So I ended the show / and launched "OWN", / the "Oprah Winfrey Network".

One year later, / after launching OWN, / nearly every media outlet had proclaimed / that my new venture / was a big flop. / It really was the worst period / of my professional life. / I was stressed / and frustrated. / Quite frankly, / I was embarrassed.

저는 열아홉 살 무렵부터 텔레비전에 출연하게 되었습니다. 1986년에, 성공하겠다는 굳은 결심으로 제 이름을 건 텔레비전 쇼를 시작했죠. 처음에는, 경쟁이 무서웠습니다. 하지만 곧, 저는 남이 아닌 제 자신과 경쟁하기 시작했습니다. 매년 기준을 높이며 할 수 있는 한 최선을 다해 저 자신을 밀어붙였습니다. 결국 우리는 정상에 오를 수 있었고, 25년 동안 그 자리를 지켰습니다.

'오프라 윈프리 쇼'는 21년 동안 같은 시간대 시청률 1위를 차지했고 저 역시 그 정도의 성공에는 꽤 익숙해졌습니다. 하지만 몇 년 전, 저는 새로운 길을 개척할 때가 되었다고 느꼈습니다. 그래서 쇼를 끝내고 '오프라 윈프리 네트워크'를 뜻하는 'OWN'을 출범시켰습니다.

'OWN'을 시작한 지 1년이 지나자, 거의 모든 언론 매체가 저의 새로운 도전이 대실패라고 보도했습니다. 정말이지 그때가 제 커리어 인생에서 가장 힘든 시기였습니다. 저는 스트레스를 받았고 좌절했습니다. 솔직히, 부끄럽기도 했습니다.

SPEECH 2-3 오프라 윈프리 하버드 대학교 졸업식 축사

At the time, I thought I **was stuck in a hole**. Then, the words from the **hymn** came to me: "Trouble don't last always, and this too shall pass." And I thought, "I am going to **turn** this thing **around** and I will be better for it."

This is what I want to share: it doesn't matter how high you might rise. At some point, you **are bound to stumble**, because if you're **constantly** doing what you do—pushing yourself higher—you will fall at some point. And when you do, I want you to remember this: **there is no such thing as** failure. Failure is just life trying to move us in another **direction**.

When you**'re down in the hole**, it looks like failure. When that moment comes, it's really okay to feel bad **for a little while**. Give yourself time to **mourn** what you think you may have lost. But then, here's the key: **learn from** every mistake because every experience, **encounter**, and particularly your mistakes are there to teach you and **force** you **into** being more of who you are.

주요 표현 확인

be stuck in a hole 힘든 상황 속에 갇혀 꼼짝 못 하다
hymn 찬송가
turn something around 상황을 반전시키다, 좋게 바꾸다
stumble 비틀거리다
constantly 끊임없이
there is no such thing as ~라는 것 자체가 존재하지 않는다

direction 방향
be down in a hole 깊은 수렁에 빠져 있다
for a little while 잠시 동안
mourn 애도하다
learn from ~을 통해 배우다
encounter 만남

핵심 패턴 연습

- **be bound to** 반드시 ~하게 되다, ~하기 마련이다

    If you work hard, you **are bound to** succeed.
    열심히 노력하면, 반드시 성공하게 된다.

    Mistakes **are bound to** happen at work.
    직장에서는 실수가 생기기 마련이다.

- **force someone into** ~를 강제로 …하게 하다

    They **forced** him **into** signing the contract.
    그들은 그를 강제로 계약서에 서명하게 했다.

    The situation **forced** me **into** moving out.
    나는 상황 때문에 어쩔 수 없이 이사를 해야 했다.

낭독 훈련

/ 끊어 읽기   ● 강세 넣기

At the **ti**me, / I thought I was **stuck** in a **ho**le. / **Then**, / the **words** from the **hymn** / **ca**me to me: / "**Trou**ble **don't** last **al**ways, / and **this too** shall **pass**." / And I thought, / "I am **go**ing to **turn** this thing a**round** / and I will be **bet**ter for it."

This is **what** I want to **sha**re: / it **doesn't mat**ter / how high you might **ri**se. / At **so**me **point**, / you are **bound** to **stum**ble, / because if you're **con**stantly doing **what** you **do** / —**push**ing yourself **high**er / —you will **fall** at **so**me **point**. / And when you **do**, / I **want** you to re**mem**ber this: / there is **no** such **thing** as **fai**lure. / **Fai**lure is **just li**fe / **try**ing to **mo**ve us / in a**no**ther di**rec**tion.

When you're **down** in the **ho**le, / it **looks** like **fai**lure. / When **that** moment **co**mes, / it's **real**ly o**kay** to feel **bad** / for a little **whi**le. / **Gi**ve yourself **ti**me to **mourn** / what you **think** you may have **lost**. / But **then**, / here's the **key**: / **learn** from **e**very mis**ta**ke / because **e**very ex**per**ience, / en**coun**ter, / and par**ti**cularly your mis**ta**kes / are **there** to **teach** you / and **for**ce you into being **mo**re / of **who** you **are**.

그 당시, 저는 제가 깊은 수렁에 빠져 있다고 생각했습니다. 그런데 그때, 찬송가의 한 구절이 떠올랐습니다. "고난은 영원하지 않으며, 이 또한 지나가리라." 그리고 저는 이렇게 생각했습니다. "나는 이 상황을 반드시 극복할 것이고, 이 경험 덕분에 더 나은 사람이 될 거야."

이것이 제가 여러분과 나누고 싶은 이야기입니다. 여러분이 얼마나 높은 곳까지 올라가든 그것은 중요하지 않습니다. 언젠가는 반드시 한 번쯤 걸려 넘어지게 되어 있습니다. 왜냐하면 스스로를 늘 더 높은 곳으로 밀어 올리다 보면 언젠가는 넘어지기 마련이니까요. 그리고 그 순간, 이 말을 꼭 기억하길 바랍니다. 실패라는 것은 없다는 사실을요. 실패는 그저 우리를 다른 방향으로 나아가게 하는 인생의 과정일 뿐입니다.

깊은 수렁 속에 빠져 있을 때는 그게 실패처럼 보입니다. 그런 순간이 오면, 잠시 괴로워해도 괜찮습니다. 자신이 잃었다고 생각하는 것에 대해 애도할 시간을 가지세요. 하지만 그다음에 중요한 핵심은, 모든 실수로부터 배워야 한다는 것입니다. 왜냐하면 모든 경험과 만남, 특히 실수는 여러분에게 교훈을 주고 여러분 본연의 모습을 찾도록 이끌어 주기 때문입니다.

오프라 윈프리 하버드 대학교 졸업식 축사

And then figure out what **the next right move** is. **The key to life** is to develop an internal, **moral**, emotional GPS[1] that can tell you which way to go.

Build a résumé that doesn't just tell a story about what you want to **accomplish**, but why. A story that's not just **a collection of** titles and positions, but a story that's really about your purpose. Because when you **inevitably** stumble and **find yourself stuck in a hole**, that is the story that will **get** you **out**.

What is your true **calling**? What is your purpose? For me, that discovery came in 1994 when I interviewed a girl who collected **pocket change** in order to help other people **in need**. She **raised** a thousand dollars **all by herself**, and I thought, "If that little nine-year-old girl could do that, what could I do?"

---

1 GPS 위성 위치 확인 시스템. Global Positioning System의 약자로, 위성을 활용해 위치 정보를 파악하는 시스템이다. 한국에서 흔히 말하는 '내비게이션'을 영어로 보통 'GPS'라고 한다.

주요 표현 확인

the next right move 올바른 다음 행보

moral 도덕적인, 윤리적인

build a résumé 이력서를 작성하다

accomplish 이루어 내다, 성취하다

a collection of ~의 모음

inevitably 불가피하게, 결국

find oneself stuck in a hole 자신이 어려운 상황에 처해 있음을 알게 되다

get someone out ~를 구해 주다, ~를 벗어나게 하다

calling 소명

pocket change 잔돈, 거스름돈

in need 어려움에 처한, 도움을 필요로 하는

raise 돈을 모으다

핵심 패턴 연습

- **the key to life** 인생의 핵심

    The key to life is to never give up.
    인생의 핵심은 절대 포기하지 않는 것이다.

    The key to life is appreciating others around you.
    인생의 핵심은 주변 사람들을 감사히 여기는 것이다.

- **all by oneself** 모든 것을 혼자의 힘으로

    She finished the project **all by herself**.
    그녀는 그 프로젝트를 혼자 힘으로 끝냈어요.

    The little boy tied his shoelaces **all by himself**.
    그 꼬마는 스스로 신발 끈을 묶었어요.

And then figure out / what the next right move is. / The key to life is / to develop an internal, moral, emotional GPS / that can tell you / which way to go.

Build a résumé / that doesn't just tell a story about / what you want to accomplish, / but why. / A story / that's not just a collection of titles and positions, / but a story / that's really about your purpose. / Because when you inevitably stumble / and find yourself stuck in a hole, / that is the story / that will get you out.

What is your true calling? / What is your purpose? / For me, / that discovery came in 1994 / when I interviewed a girl / who collected pocket change / in order to help other people in need. / She raised a thousand dollars / all by herself, / and I thought, / "If that little nine-year-old girl could do that, / what could I do?"

그러고 나서, 다음 올바른 행보가 무엇인지 생각해야 합니다. 인생의 열쇠는 어느 방향으로 가야할지를 알려 줄 내면의 도덕적, 감정적 나침반을 키우는 데에 있습니다.

이력서를 작성할 때에도 내가 '무엇'을 이루고 싶은지를 보여 주는 것이 아니라, 내가 '왜' 그 일을 하고 싶은지에 대한 이야기를 담으세요. 그저 직함과 직위를 나열한 것이 아니라, 여러분의 진정한 목적을 담은 이야기여야 합니다. 왜냐하면 언젠가 여러분이 비틀거리다 수렁에 빠진 자신의 모습을 발견했을 때, 여러분을 수렁에서 빠져나오게 하는 것이 바로 그 이야기이기 때문입니다.

여러분의 진정한 소명은 무엇입니까? 여러분의 삶의 목적은 무엇입니까? 제가 그 답을 찾은 것은 1994년입니다. 그 해에 저는 주머니 속 푼돈을 모아 어려운 이웃을 돕던 한 소녀를 인터뷰했습니다. 그 아이는 혼자서 천 달러를 모았고, 저는 이런 생각이 들었습니다. "그 어린 아홉 살 소녀가 그런 일을 해낼 수 있다면, 나는 무엇을 할 수 있을까?"

SPEECH 2-5 오프라 윈프리 하버드 대학교 졸업식 축사

So I **asked** our viewers **to take up** their own change collection. In one month, we raised more than three million dollars that we used to send one student from every state in the United States to college. That was the beginning of the Angel Network[1]. **Extend yourself in kindness to** other human beings wherever you can. Together, we built 55 schools in 12 different countries and **restored** nearly 300 homes that **were devastated by** Hurricanes Rita and Katrina.

It was the Angel Network **that** actually focused my internal GPS. It helped me decide that **the goal of** my shows, interviews, business, **philanthropy**—whatever ventures I might pursue—would be to **make clear** that what unites us is far more **redeeming** and **compelling** than anything that separates us. It **reminded** us **that no matter** who we are, it is both possible and powerful to come together in common purpose and common effort.

---

1 Angel Network 엔젤 네트워크. 오프라 윈프리가 설립한 자선 단체로, 교육용품 지원, 학교 건립, 재난 구호 등 다양한 공익 활동을 펼쳤다. 2010년, 오프라 윈프리 쇼가 종영되면서 활동도 종료되었다.

주요 표현 확인

ask someone to ~에게 …하도록 요청하다

take up 시작하다

extend oneself in kindness to ~에게 친절을 베풀다

restore 복원하다

be devastated by ~에 의해 파괴되다

the goal of ~의 목적, ~의 목표

philanthropy 자선 활동

make clear 분명히 하다

redeeming 보완하는, 구원하는

compelling 강력한, 시급한

remind someone that ~에게 …을 상기시키다, ~에게 …을 생각나게 하다

핵심 패턴 연습

- **It is something that** ~은 바로 …이다

    It is your mindset **that** makes the difference.
    차이를 만드는 것은 바로 당신의 마음 자세다.

    It is the strong teamwork **that** helped us win.
    우리를 이기게 한 것은 바로 강한 팀워크다.

- **no matter** 설령 ~하더라도, ~일지언정

    No matter what happens, I'll be by your side.
    설령 무슨 일이 일어나더라도, 나는 네 곁에 있을 것이다.

    No matter how hard it is, never give up.
    아무리 힘들지언정, 절대 포기하지 말아라.

낭독 훈련

So I asked our viewers / to take up their own change collection. / In one month, / we raised more than three million dollars / that we used to send one student / from every state in the United States / to college. / That was the beginning / of the Angel Network. / Extend yourself in kindness / to other human beings / wherever you can. / Together, / we built 55 schools / in 12 different countries / and restored nearly 300 homes / that were devastated / by Hurricanes Rita and Katrina.

It was the Angel Network / that actually focused my internal GPS. / It helped me decide that / the goal of my shows, / interviews, / business, / philanthropy / —whatever ventures I might pursue / —would be to make clear / that what unites us / is far more redeeming and compelling / than anything that separates us. / It reminded us that / no matter who we are, / it is both possible and powerful / to come together in common purpose / and common effort.

그래서 저는 시청자들에게 각자 자신만의 푼돈 모으기 운동을 해 보자고 요청했습니다. 한 달 만에 우리는 3백만 달러 이상을 모았고, 그 돈으로 미국의 모든 주에서 학생을 한 명씩 대학에 보낼 수 있었습니다. 이것이 바로 '엔젤 네트워크'의 시작이었습니다. 가능한 한 어디서든, 타인에게 친절을 베풀어 보세요. 우리는 함께 12개국에 55개의 학교를 세웠고, 허리케인 리타와 카트리나로 파괴된 집들을 300채 가까이 복구했습니다.

사실 제 내면의 나침반을 바로잡아 준 것이 바로 이 '엔젤 네트워크'였습니다. 이 경험 덕분에 저는 이런 결심을 하게 되었습니다. 제 방송이든, 인터뷰나 사업이든, 자선 활동이든, 앞으로 어떤 일을 하든, 우리를 하나로 묶어 주는 것이야말로 우리를 갈라놓는 그 어떤 것보다 훨씬 더 값지고 의미 있다는 점을 분명히 보여 주겠다고요. 또한 엔젤 네트워크는 우리가 누구이든 상관없이, 공동의 목적과 노력으로 하나가 되는 일이 가능하며, 그런 결속이 강력한 힘을 발휘한다는 사실을 다시 한번 일깨워 주었습니다.

 오프라 윈프리 하버드 대학교 졸업식 축사

Maya Angelou[1] always says, "When you learn, teach. When you get, give." That, my friends, is what **gives** your story **purpose and meaning**.

So you all **have the power in your own way** to develop your own Angel Network, and **in doing so**, your class will **be armed with** more tools of influence and **empowerment** than any other generation **in history**.

I did it in an analog world. I **was blessed with** a platform that **at its height** reached nearly 20 million viewers a day. Now, here **in a world of** Twitter, Facebook, YouTube and Tumblr, you can reach billions **in just seconds**.

---

1 **Maya Angelou** 마야 안젤루. 미국의 시인이자 소설가, 인권 운동가. 어린 시절의 아픔을 그린 자서전 ≪새장에 갇힌 새가 왜 노래하는지 나는 아네≫로 흑인 여성 최초의 베스트셀러 작가가 되었다. 오프라 윈프리와 함께 미국에서 가장 영향력 있는 흑인 여성 중 한 명으로 꼽힌다.

주요 표현 확인

give something purpose and meaning
~에 목적과 의미를 부여하다

have the power
힘을 가지다, 능력을 가지다

in doing so 그렇게 함에 있어서

be armed with
~을 갖추다, ~으로 무장하다

empowerment 역량

in history 역사상, 역사에서

at something's height
~의 절정기에, ~의 전성기에

in a world of ~의 세상 속에서

in just seconds 단 몇 초 만에

핵심 패턴 연습

- **in one's own way** ~만의 방식으로

    She expresses her love **in her own way**.
    그녀는 그녀만의 방식으로 사랑을 표현한다.

    You are special **in your own way**.
    너는 너만의 방식으로 특별하다.

- **be blessed with** ~으로 축복받다

    We **are blessed with** good health.
    우리는 건강이라는 축복을 누리고 있다.

    Their land **is blessed with** rich soil.
    그들의 땅은 비옥한 토양이라는 축복을 받았다.

낭독 훈련

/ 끊어 읽기   ● 강세 넣기

Maya **An**gelou **al**ways says, / "When you **learn**, / **teach**. / When you **get**, / **gi**ve." / **That**, / my **fri**ends, / is **what** gives your **sto**ry / **pur**pose and **mean**ing.

So you **all** have the **po**wer / in your **own way** / to de**ve**lop your **own An**gel Network, / and in **do**ing so, / your **class** will be **arm**ed with / **mo**re **tools** of **in**fluence and em**po**werment / than **any** other gene**ra**tion in **his**tory.

I did it / in an **a**nalog **world**. / I was **bless**ed with a **plat**form / that at its **height** / **reach**ed nearly 20 **mil**lion viewers a **day**. / **Now**, / **he**re in a world of **Twi**tter, / **Fa**cebook, / **You**Tube / and **Tum**blr, / you can reach **bil**lions / in just **se**conds.

마야 안젤루는 항상 이렇게 말합니다. "배우면, 가르쳐라. 받으면, 나누어라." 여러분, 이것이야말로 여러분의 이야기에 목적과 의미를 부여하는 일입니다.

여러분 모두는 각자의 방식으로 자신만의 '엔젤 네트워크'를 만들 수 있는 힘을 가지고 있습니다. 그리고 그렇게 함으로써 여러분은 역사상 그 어느 세대보다도 더 많은 영향력과 역량으로 무장하게 될 것입니다.

저는 그 일을 아날로그 시대에 해냈습니다. 전성기 때는 하루 2천만 명에 가까운 시청자에게 메시지를 전할 수 있는 플랫폼을 가진 축복을 받았습니다. 이제는 트위터, 페이스북, 유튜브, 텀블러가 있는 이 세상에서, 여러분은 단 몇 초 만에 수십 억 명에게 메시지를 전달할 수 있습니다.

SPEECH 2-7 오프라 윈프리 하버드 대학교 졸업식 축사

The single most important lesson I learned in 25 years of talking **every single day** to people was that there is a **common denominator** in our human experience. **Most of** us don't want to be divided. We simply want to be **validated**. We want to be understood.

So whether you call it soul, spirit, **higher self**, or intelligence, there is a light inside each of you—inside all of us—that **illuminates** your very human beingness, **if** you **let it**.

And as a young girl from rural Mississippi, I learned long ago that **being myself** was much easier than **pretending to** be Barbara Walters[1].

---

1 Barbara Walters 바바라 월터스. 미국의 유명 언론인이자 방송인. '인터뷰의 여왕'이라 불리며 미국의 많은 언론인과 방송인들에게 존경받는 인물이다.

주요 표현 확인

the single most important lesson 가장 중요한 교훈
every single day 매일매일, 하루도 빠짐없이
most of ~의 대부분
validate 인정하다, 입증하다
higher self 상위 자아
illuminate 비추다, 밝히다
be oneself 있는 그대로의 자신이 되다
pretend to ~인 척하다

핵심 패턴 연습

- **common denominator** 공통점, 공통분모

    Persistence is a **common denominator** of great leaders.
    끈기는 훌륭한 리더들의 공통점이다.

    What's the **common denominator** among successful students?
    성공한 학생들의 공통점은 무엇일까?

- **if someone lets it** ~가 그것을 받아들인다면, ~가 그것을 허락한다면

    The pain will make you stronger, **if** you **let it**.
    네가 그것을 받아들인다면, 고통은 너를 강하게 만들 것이다.

    That mistake will teach her a lesson, **if** she **lets it**.
    그녀가 그것을 받아들인다면, 그 실수는 좋은 교훈이 될 것이다.

The single most important lesson I learned / in 25 years of talking every single day to people / was that there is a common denominator / in our human experience. / Most of us / don't want to be divided. / We simply want to be validated. / We want to be understood.

So whether you call it soul, / spirit, / higher self, / or intelligence, / there is a light / inside each of you / —inside all of us / —that illuminates your very human beingness, / if you let it.

And as a young girl / from rural Mississippi, / I learned long ago / that being myself was much easier / than pretending to be Barbara Walters.

제가 25년 동안 매일 사람들과 이야기를 나누며 얻은 가장 중요한 교훈은, 우리 인간의 경험에는 공통점이 있다는 사실입니다. 우리 대부분은 분열을 원하지 않습니다. 우리는 그저 인정받고 싶고, 이해받고 싶을 뿐입니다.

그것을 영혼이라 부르든, 정신이라 부르든, 고차원적 자아라 부르든, 지성이라 부르든, 각자의 내면, 즉 우리 모두의 안에는, 여러분의 인간다움을 밝혀 주는 빛이 있습니다. 여러분이 그것을 허락하기만 한다면 말이죠.

미시시피 시골에서 자란 어린 소녀였던 저는, 오래전에 이 사실을 깨달았습니다. 바바라 월터스인 척하는 것보다 그냥 저 자신으로 사는 것이 훨씬 더 쉽다는 것을요.

SPEECH 2-8 오프라 윈프리 하버드 대학교 졸업식 축사

I know that you all might have a little anxiety now and hesitation about **leaving the comfort of** college and **putting** those Harvard credentials **to the test**.

But no matter what challenges, setbacks, or disappointments you may encounter **along the way**, you will find true success and happiness if you **fulfill** the highest and most truthful expression of yourself as a human being. You want to **max out** your humanity by using your energy to **lift up** yourself, your family, and the people around you.

One **theologian** said, "Don't ask yourself what the world needs. Ask yourself what makes you **come alive** and then go do that, because what the world needs is people who have **come alive**."

From time to time, you may stumble or fall—you will, **for sure**. You will **have doubts about** your path. But if you**'re willing to** listen to that GPS **within yourself**, to find out what makes you **come alive**, you will be happy, successful, and make a difference in the world.

주요 표현 확인

leave the comfort of ~의 안락함에서 벗어나다
along the way 그 과정에서
fulfill 실현하다
max out 최대한 끌어내다, 극대화하다
lift up (감정적·정신적으로) 끌어올리다, 격려하다
theologian 신학자

come alive 활기를 띠다, 생기가 돌다
from time to time 때때로, 가끔
for sure 확실히, 틀림없이
be willing to ~할 의향이 있다, 기꺼이 ~하다
within oneself 자신 안에

핵심 패턴 연습

- **put something to the test** ~을 시험하다

    This project really **put** my patience **to the test**.
    이 프로젝트는 정말 나의 인내심을 시험했다.

    Now it's time to **put** your skills **to the test**.
    이제 너의 실력을 시험해 볼 시간이다.

- **have doubts about** ~에 대해 의구심을 가지다

    He never **had doubts about** his dream.
    그는 한 번도 자신의 꿈에 대해 의구심을 가져 본 적이 없었다.

    She **has doubts about** joining the team.
    그녀는 그 팀에 들어가는 것에 대해 의구심을 가지고 있다.

낭독 훈련

I know that / you all might have a little anxiety now / and hesitation about leaving the comfort of college / and putting those Harvard credentials / to the test.

But no matter what challenges, / setbacks, / or disappointments you may encounter along the way, / you will find true success and happiness / if you fulfill the highest / and most truthful expression of yourself / as a human being. / You want to max out your humanity / by using your energy / to lift up yourself, / your family, / and the people around you.

One theologian said, / "Don't ask yourself / what the world needs. / Ask yourself / what makes you come alive / and then go do that, / because what the world needs / is people who have come alive."

From time to time, / you may stumble or fall / —you will, for sure. / You will have doubts / about your path. / But if you're willing to listen to that GPS / within yourself, / to find out what makes you come alive, / you will be happy, / successful, / and make a difference in the world.

저는 여러분이 지금 이 순간, 대학이라는 안락한 공간을 떠나, 하버드 졸업장을 시험대에 올리는 데 약간의 불안과 망설임을 느낄 수 있다는 걸 압니다.

하지만 그 과정에서 어떤 도전과 좌절, 실망에 부딪히더라도, 인간으로서 가장 고귀하고 진실된 자아를 실현한다면, 여러분은 진정한 성공과 행복을 찾을 수 있을 것입니다. 여러분은 자신의 에너지를 써서 자신과 가족, 그리고 주변 사람들을 일으켜 세움으로써, 자신의 인간다움을 최대한 발휘하고 싶을 것입니다.

한 신학자가 이렇게 말했습니다. "세상이 무엇을 필요로 하는지 묻지 말라. 대신, 당신을 살아 있게 만드는 것이 무엇인지 물어라. 그리고 그것을 행하라. 왜냐하면 세상이 필요로 하는 것은 바로 살아 있는 사람들이기 때문이다."

때때로, 여러분은 비틀거리거나 넘어질 수도 있습니다. 틀림없이 그럴 것입니다. 여러분 자신의 길에 대해 의문이 들 때도 있을 것입니다. 하지만 내면의 나침반에 귀 기울여, 당신을 진정으로 살아 있게 만드는 것이 무엇인지 찾으려 한다면, 여러분은 행복해지고 성공할 것이며, 세상을 변화시킬 수 있을 것입니다.

연설문 요약

어렸을 때는, 제가 무엇이 되고 싶은지 잘 몰랐어요. 그런데 어느 날, "사람들의 이야기를 전하고 세상을 더 좋게 만들고 싶어요."라고 말하게 되었고, 그 말이 제 마음을 움직였어요. 그때 저는 방송인이 되고 싶다는 것을 깨달았죠.

저는 열아홉 살에 방송을 시작했고, 나중에는 제 이름을 건 TV 쇼도 만들었어요. 수많은 경쟁을 이기기 위해 열심히 일하고 매년 제 자신과도 경쟁하며, 25년 동안 정상의 자리를 지켰어요. 그 후 새로운 도전을 위해 저만의 TV 채널을 만들었는데, 처음에는 실패한 것처럼 보였어요. 모두 제 채널이 망했다고 말했죠. 저는 부끄럽고 힘들었지만, 마음을 다잡았어요. 그때 알았죠. **실패는 끝이 아니라, 삶이 나를 다른 길로 이끄는 신호라는 것을요.**

실패해도 괜찮아요. 일이 잘 풀리지 않을 때 속상해하는 것도 괜찮아요. 중요한 것은 그 경험에서 배우고, "그다음에 무엇을 해야 옳을지" 찾는 거예요. 여러분도 **자신만의 이야기와 목적을 만들어 가세요.** 진정 자신답게 살아갈 때, 여러분은 빛날 수 있고 다른 이들이 빛나도록 돕는 힘도 생겨요.

When I was young, I didn't know what I wanted to be. But one day, I said, "I want to tell people's stories and help make the world better," and it felt right. That's when I knew I wanted to be a journalist.

I started working on TV at 19 and later created my own show. I worked hard to overcome tough competition and pushed myself every year. For 25 years, my show stayed at the top. After that, I started my own TV network, but it didn't go well at first. People called it a failure, and I felt sad and embarrassed. But I reminded myself: **Failure is not the end—it's life pointing you in a new direction.**

It's okay to fail and feel bad when things go wrong. But learn from your mistakes and ask yourself, "What's the next right move?" **Create your own story with purpose.** When you live as your true self, you can shine—and help others shine too.

주제 토론

① 오프라 윈프리는 전 세계의 수많은 사람들을 인터뷰했습니다. 만약 여러분이 누군가를 인터뷰할 수 있다면, 누구를 선택할 것인가요? 그 이유는요?

Oprah Winfrey has interviewed many people from around the world. If you could interview anyone, who would you choose and why?

② 오프라 윈프리는 "실패는 끝이 아니라, 삶이 나를 다른 길로 이끄는 신호일 수 있다."라고 말했고, 실패해서 속상한 것은 당연하다고도 했어요. 여러분은 어떤 일에 실패한 경험이 있나요? 그때 기분이 어땠나요? 어떻게 극복했나요? 그 경험 덕분에 더 좋은 기회를 얻게 되었나요?

Oprah Winfrey said that "failure is not the end" and that "it could be a sign that life is trying to move us in a new direction." She also said it's okay to feel upset when we fail. Have you ever failed at something? How did you feel at that time? How did you overcome it? Did that experience lead you to a better opportunity later on?

③ 오프라 윈프리는 어려운 사람들을 돕기 위해 동전을 모으는 소녀를 본 후, 자신도 더 많은 사람을 돕고 싶어졌다고 해요. 여러분도 누군가를 돕기 위해 돈을 모은 적이 있나요? 그 돈을 기부할 때 어떤 기분이 들었나요?

Oprah Winfrey saw a 9-year-old girl who collected coins to help others, and it gave her a big idea to help even more people. Have you ever saved up money to help someone? How did you feel when you donated?

주제 토론 ② 예시 답변

작년에 피아노 콩쿠르에 나갔는데, 아무런 상도 받지 못했어요. 그동안 열심히 연습해서 기대가 컸는데, 무대에서 너무 떨려서 실수를 몇 번 했어요. 대회가 끝난 후에 많이 울었고, '나는 피아노에 재능이 없는 걸까?' 하는 생각도 들었어요. 하지만 선생님이 "이런 무대 경험이 쌓이면 더 강해질 거야."라고 말씀해 주셔서, 마음을 다잡고 다시 연습을 시작했어요.

몇 달 뒤에 다른 콩쿠르에 나갔고, 그때는 훨씬 덜 긴장해서 결국 3등을 했어요. 그 경험 덕분에 저는 실패가 오히려 더 좋은 기회로 이어질 수 있다는 것을 배웠어요. 실패했기 때문에 더 많이 연습했거든요.

SPEECH

3

Roger Federer's Speech at Dartmouth College, 2024

로저 페더러 다트머스 대학교 졸업식 축사, 2024

토저 페더러(Roger Federer)는 20개의 그랜드슬램 우승을 달성한 세계적인 테니스 선수이다.

2024년 다트머스 대학교 졸업식에서 그는 노력과 회복력, 그리고 인생의 진정한 의미에 대해 이야기했다. "노력 없이 이루어지는 것은 없다", "그저 한 포인트일 뿐이다", "인생은 테니스 코트보다 더 넓다" 등 실제 경험에서 우러나온 통찰을 졸업생들에게 전했다. 또한, 겸손과 끈기의 가치를 일깨우며 재능보다 태도가 중요함을 강조했다.

SPEECH 3-1 로저 페더러 다트머스 대학교 졸업식 축사

I am so excited to join you today. I'm impressed, because I **left school at the age of** 16 to play tennis **full time**. So I never went to college, but I did graduate recently. I **graduated from** tennis. Today, I want to **share** a few **lessons** I've **relied on** through this transition. Let's call them tennis lessons.

Here's the first: "effortless" is a **myth**. I say that as someone who has heard that word a lot. Effortless. People would say my play was effortless. **Most of the time**, they meant it as a **compliment**, but it used to **frustrate** me when they would say, "He barely **broke a sweat**," or "Is he even trying?" The truth is I had to work very hard to make it look easy. I spent years whining, throwing my rackets before I learned to **keep my cool**.

The **wake-up call** came early in my career when an opponent at the Italian Open[1] **publicly questioned** my **mental discipline**. He said, "Roger will be **the favorite** for the first two hours, then I'll be **the favorite** after that."

---

1 Italian Open 이탈리안 오픈. 매년 이탈리아 로마에서 열리는 세계적인 테니스 대회로, 세계 최상위 선수들이 참가한다.

주요 표현 확인

leave school 학교를 그만두다
at the age of ~의 나이에
full time 전업으로
graduate from ~을 졸업하다
share a lesson 교훈을 나누다
myth 근거 없는 통념, 오해, 착각, 낭설
most of the time 대부분의 경우
compliment 칭찬, 칭송
frustrate someone ~를 답답하게 하다, ~를 화나게 하다
break a sweat 땀을 흘리다, 노력하다
wake-up call 큰 깨달음을 준 사건, 충격을 준 경험
publicly question 공개적으로 의문을 제기하다
mental discipline 정신력, 자제력
the favorite 우승 후보

핵심 패턴 연습

- **rely on** ~을 믿고 의지하다, ~을 신뢰하다

    You can always **rely on** her advice.
    너는 언제나 그녀의 조언을 믿고 따를 수 있다.

    Good teamwork means you can **rely on** each other.
    좋은 팀워크는 서로를 믿고 의지할 수 있다는 것을 뜻한다.

- **keep one's cool** 침착하다, 평정심을 유지하다

    Even under pressure, the pilot **kept his cool**.
    압박 속에서도, 조종사는 침착했다.

    It's hard to **keep my cool** when I'm angry.
    나는 화날 때 평정심을 유지하기가 어렵다.

낭독 훈련

I am so excited to join you today. / I'm impressed, / because I left school / at the age of 16 / to play tennis full time. / So I never went to college, / but I did graduate recently. / I graduated from tennis. / Today, / I want to share a few lessons I've relied on / through this transition. / Let's call them tennis lessons.

Here's the first: / "effortless" is a myth. / I say that / as someone who has heard that word a lot. / Effortless. / People would say / my play was effortless. / Most of the time, / they meant it as a compliment, / but it used to frustrate me when they would say, / "He barely broke a sweat," / or "Is he even trying?" / The truth is / I had to work very hard / to make it look easy. / I spent years whining, / throwing my rackets / before I learned to keep my cool.

The wake-up call / came early in my career / when an opponent at the Italian Open / publicly questioned my mental discipline. / He said, / "Roger will be the favorite / for the first two hours, / then I'll be the favorite / after that."

오늘 여러분과 함께하게 되어 기쁩니다. 정말 감동이네요. 저는 열여섯 살에 학교를 그만두고 테니스에 전념한 터라, 대학을 다닌 적이 없습니다. 그러나 최근에 졸업이란 걸 했습니다. 바로 테니스를 졸업했죠. 오늘은 제가 이 인생의 전환기를 거치며, 스스로 믿고 의지해 온 몇 가지 교훈을 나누고자 합니다. 이 교훈을 '테니스 레슨'이라고 부르겠습니다.

첫 번째 교훈은 이것입니다. '노력하지 않아도 되는 것'은 신화에 불과하다는 것입니다. 이 말을 정말 많이 들어 본 사람으로서 드리는 말씀입니다. 별 노력 없이 쉽게. 사람들은 제가 손쉽게 경기를 한다고 말하곤 했습니다. 대부분 칭찬의 의미로 한 말이었지만, 사람들이 "페더러는 거의 땀 한 방울 안 흘렸네."라거나 "그가 노력을 하기는 했어?"라고 말할 때면 속이 상하곤 했습니다. 사실 저는 제 플레이가 쉬워 보이기까지 정말 엄청난 노력을 해야 했으니까요. 평정심을 유지하는 법을 배우기 전까지는, 수년간 짜증을 내고 라켓을 던지기도 했습니다.

저는 선수 생활 초창기에 큰 깨달음을 얻었습니다. '이탈리아 오픈'에서 한 상대 선수가 공개적으로 제 정신력을 의심했지요. 그는 이렇게 말했어요. "로저기 치음 두 시간 동안은 유리할 겁니다. 하지만 그 이후 경기는 제기 유리할 기에요."

SPEECH 3-2 로저 페더러 다트머스 대학교 졸업식 축사

I **was puzzled at first**, but eventually, I realized what he was trying to say. Everybody can play well for the first two hours. You're fit, fast, clear, and after two hours, your legs get **wobbly**, your **mind starts wandering**, and your **discipline starts to fade**. It made me understand that I have so much work **ahead of** me. So I started to train a lot harder.

But then I realized winning effortlessly is the **ultimate achievement**. I got that reputation, because my warmups at tournaments were so casual, but I had been working hard before the tournament when nobody was watching. Hopefully, like me, you learn that "effortless" is a myth. I didn't get where I got on **pure talent** alone. I got there by trying to **outwork** my opponents.

I **believed in** myself, but **belief in** yourself has to be earned. There was a moment in 2003 when my self-belief really **kicked in**. I was at the ATP Finals[1], where only the best eight players qualify, and I beat some of the top players I really admired by **aiming right at their strength**.

---

1 ATP Finals   ATP 파이널스. ATP(프로 테니스 협회)가 주관하는 시즌 최종 대회로, 매년 단식 랭킹 상위 8명(복식은 상위 8팀)이 출전하는 '왕중왕전' 성격의 대회이다.

주요 표현 확인

be puzzled 어리둥절하다, 당황하다
at first 처음에는
wobbly 후들거리는, 불안정하게 흔들리는
mind starts wandering
정신이 산만해지기 시작하다
discipline starts to fade
절제력이 사라지기 시작하다
ahead of ~의 앞에

ultimate achievement
궁극적인 목표
outwork someone
~보다 열심히 일하다, ~를 능가하다
believe in ~에게 믿음과 신뢰를 가지다
belief in ~에 대한 믿음과 신뢰
aim right at one's strength
~의 강점을 정면으로 공략하다

핵심 패턴 연습

- **pure talent** 순수한 재능

  It's rare to find someone with such **pure talent** at a young age.
  어린 나이에 그런 순수한 재능을 가진 사람을 찾기는 드물다.

  He built his career not just on **pure talent**, but also on endless practice.
  그는 순수한 재능뿐만 아니라, 끝없는 연습으로 커리어를 쌓았다.

- **kick in** 효과가 발현되기 시작하다

  The medicine **kicked in** after 30 minutes.
  약은 30분 후에 효과가 발현되기 시작했다.

  My confidence **kicked in** just before the game.
  경기 직전에 자신감이 생기기 시작했다.

I was puzzled at first, / but eventually, / I realized what he was trying to say. / Everybody can play well / for the first two hours. / You're fit, / fast, / clear, / and after two hours, / your legs get wobbly, / your mind starts wandering, / and your discipline starts to fade. / It made me understand / that I have so much work / ahead of me. / So I started to train a lot harder.

But then I realized / winning effortlessly / is the ultimate achievement. / I got that reputation, / because my warmups at tournaments / were so casual, / but I had been working hard / before the tournament / when nobody was watching. / Hopefully, like me, / you learn that "effortless" / is a myth. / I didn't get where I got / on pure talent alone. / I got there / by trying to outwork my opponents.

I believed in myself, / but belief in yourself / has to be earned. / There was a moment in 2003 / when my self-belief / really kicked in. / I was at the ATP Finals, / where only the best eight players qualify, / and I beat some of the top players / I really admired / by aiming right at their strength.

처음에는 무슨 뜻인지 몰랐는데, 나중에야 그가 말하고자 하는 것이 무엇인지 깨달았습니다. 경기 초반 두 시간은 누구나 잘할 수 있습니다. 그때는 몸도 가볍고, 빠르고, 정신도 또렷합니다. 하지만 두 시간이 지나면 다리는 점점 후들거리고, 정신은 흐트러지기 시작하며, 절제력도 사라지기 시작합니다. 그때 저는 앞으로 제가 해야 할 일이 정말 많다는 것을 깨달았습니다. 그래서 저는 훨씬 더 열심히 훈련하기 시작했습니다.

하지만 훗날 저는 깨달았습니다. '아무렇지도 않게 이기는 것'이야말로 최고의 성취라는 것을요. 제가 그런 평판을 갖게 된 것은, 토너먼트 대회에서 제가 준비 운동을 너무 가볍게 했기 때문입니다. 하지만 저는 대회 전에 아무도 보지 않을 때 이미 열심히 훈련을 마쳤거든요. 바라건대, 무언가가 '별 노력 없이 쉽게' 된다는 것은 착각이라는 사실을 여러분이 알게 되길 바랍니다. 저는 타고난 재능만으로 여기까지 온 것이 아닙니다. 상대보다 더 치열하게 노력했기 때문에 이 자리에 설 수 있었습니다.

저는 제 자신을 믿었습니다. 하지만 자신에 대한 믿음은 노력으로 쟁취하는 것입니다. 제게는 그런 믿음이 실제로 생겨난 순간이 2003년에 있었습니다. 저는 상위 8명의 선수에게만 참가 자격이 주어지는 ATP 파이널스에 출전했고, 그곳에서 제가 존경하던 최정상 선수들을 상대로, 그들의 강점에 정면으로 맞서서 이길 수 있었습니다.

SPEECH 3-3 로저 페더러 다트머스 대학교 졸업식 축사

Before, I would **run away from** their strengths. If a guy had a strong forehand[1], I would try to hit his backhand[2]. But now, I try to **go after** his forehand. Why? To amplify my game and **expand my options**. So if one of them **breaks down**, you've got something left. And those are the victories we can **be most proud of**, because they prove that you can win, not just when you're **at your best**, but especially when you aren't.

Yes, talent matters. I'm not going to tell you it doesn't. But talent **has a broad definition**. Most of the time, it's not about **having a gift**, it's about **having grit**. In tennis, like in life, discipline is also a talent, and so is patience. Trusting yourself, embracing the process, managing your life and yourself—these can be talents, too. Some people **are born with** them. Everybody has to **work at** them.

Okay, second lesson: it's only a point. You can work harder than you thought possible, and still lose. Tennis is brutal. One player gets a trophy. Every other player **gets back on a plane**.

---

1 Forehand 포핸드. 라켓을 잡은 쪽의 팔을 몸 앞쪽으로 내밀어 공을 치는 기술이다.
2 Backhand 백핸드. 라켓을 잡은 팔을 몸의 반대쪽으로 돌려서 공을 치는 기술이다.

주요 표현 확인

run away from
~을 피하다, ~에서 도망치다

go after
~을 목표로 삼다, ~을 정면으로 맞서다

expand one's options
~의 선택지를 넓히다

break down 무너지다

be most proud of
~을 가장 자랑스러워하다

have a broad definition
다양한 해석이 가능하다, 넓은 의미를 가지다

have a gift 재능을 가지다

have grit 포기하지 않는 끈기를 가지다

work at ~에 몰두하다, ~을 노력하다

get back 돌아가다

on a plane 비행기를 타고

핵심 패턴 연습

- **at one's best** ~의 최고 상태에, ~의 전성기에

    She is **at her best** when she is on stage.
    그녀는 무대에 있을 때 가장 빛난다.

    The team was **at its best** in the '90s.
    그 팀은 90년대에 전성기였다.

- **be born with** ~을 선천적으로 가지고 태어나다

    He **was born with** a rare medical condition.
    그는 선천적으로 희귀 질환을 가지고 태어났다.

    Not everyone **is born with** the ability to think creatively.
    모든 사람이 창의적으로 생각하는 능력을 타고나는 것은 아니다.

낭독 훈련

/ 끊어 읽기   ● 강세 넣기

Before, / I would run away from their strengths. / If a guy had a strong forehand, / I would try to hit his backhand. / But now, / I try to go after his forehand. / Why? / To amplify my game / and expand my options. / So if one of them breaks down, / you've got something left. / And those are the victories / we can be most proud of, / because they prove that you can win, / not just when you're at your best, / but especially when you aren't.

Yes, talent matters. / I'm not going to tell you / It doesn't. / But talent has a broad definition. / Most of the time, / it's not about having a gift, / it's about having grit. / In tennis, / like in life, / discipline is also a talent, / and so is patience. / Trusting yourself, / embracing the process, / managing your life and yourself / —these can be talents, too. / Some people are born with them. / Everybody has to work at them.

Okay, / second lesson: / it's only a point. / You can work harder / than you thought possible, / and still lose. / Tennis is brutal. / One player gets a trophy. / Every other player / gets back on a plane.

예전에는, 상대의 강점을 피하려고만 했습니다. 만약 어떤 선수가 포핸드에 강하면 백핸드를 치려고 했죠. 하지만 지금은 오히려 포핸드를 공략하려고 노력합니다. 왜냐고요? 제 경기력을 끌어올리고 선택의 폭을 넓히기 위해서입니다. 그래야 그 선택들 중 하나가 무너지더라도, 다른 무언가가 남기 때문입니다. 그리고 그런 승리야말로 가장 자랑스러운 것입니다. 왜냐하면 그런 승리는 당신이 최고의 컨디션일 때뿐만 아니라, 그렇지 않을 때에도 이길 수 있다는 것을 증명하기 때문입니다.

네, 재능은 중요합니다. 재능이 중요하지 않다고는 말하지 않겠습니다. 하지만 재능은 그 정의가 훨씬 더 넓습니다. 대부분의 경우, 재능은 타고난 선물이 아니라, 끈기에서 나옵니다. 테니스에서도, 인생에서도 절제력은 재능이고, 인내심도 재능입니다. 자신을 믿는 것, 과정을 받아들이는 것, 삶과 자신을 잘 다스리는 것—이런 것들 또한 재능이 될 수 있습니다. 어떤 사람들은 그것들을 타고날 수도 있겠지만, 모든 사람은 그 재능을 얻기 위해 노력해야 합니다.

자, 두 번째 교훈은 '그저 한 포인트일 뿐'이라는 것입니다. 여러분은 스스로 생각했던 것보다 훨씬 더 열심히 노력했지만 패배할 수도 있습니다. 테니스는 잔인합니다. 단 한 명의 선수만 트로피를 얻습니다 나머지 선수는 모두 비행기를 타고 돌아갑니다.

SPEECH 3-4 로저 페더러 다트머스 대학교 졸업식 축사

I **tried not to** lose, but I did lose, sometimes big. For me, one of the biggest was the finals at Wimbledon[1] in 2008. Me versus Nadal[2]. Some call it the **greatest match of all time**. I lost my number one ranking, and suddenly, people said, "Is this **the changing of the guard**?" But I knew what I had to do: keep working and keep competing.

In tennis, perfection is impossible. In the 1,526 singles matches I played **in my career**, I won almost 80% of those matches. What percentage of points do you think I won in those matches? Only 54%. **In other words**, even **top-ranked** tennis players win barely more than half of the points they play.

When you lose every second point **on average**, you learn not to **dwell on** every shot. You **teach yourself to** think, "Okay, it's only a point." This mindset is really crucial, because it **frees** you **to** fully **commit to** the next point and the next point after that with **intensity**, **clarity**, and **focus**.

---

1 Wimbledon 윔블던. 세계 4대 그랜드 슬램 테니스 대회 중 하나로, 매년 런던 남서부에 위치한 윔블던에서 열린다. 세계에서 가장 오래된 역사와 최고의 권위를 자랑하는 테니스 대회이다.
2 Nadal 나달. 스페인 출신의 세계적인 테니스 선수로, 로저 페더러의 가장 강력한 라이벌로 자주 언급되었다.

주요 표현 확인

try not to ~하지 않으려고 노력하다
greatest match of all time 역대 최고의 경기
the changing of the guard (스포츠·정치 등에서) 세대 교체
in one's career ~의 경력에서
in other words 다시 말해, 즉
top-ranked 최상위권의
on average 평균적으로
teach oneself to 스스로 ~하는 법을 배우다
free someone to ~가 자유롭게 …할 수 있도록 하다
intensity 강렬함, 강한 힘과 열정
clarity 명확함, 맑고 뚜렷한 정신
focus 집중, 주의를 집중하는 능력

핵심 패턴 연습

- **dwell on** (부정적인 감정이나 생각을) 곱씹다, 오래 붙들고 있다

  I try not to **dwell on** past failures.
  나는 과거의 실패를 곱씹지 않으려고 노력한다.

  He kept **dwelling on** what he did wrong during the interview.
  그는 면접 중에 잘못했던 점을 계속 곱씹었다.

- **commit to** ~에 전념하다, ~에 헌신하다

  If you truly **commit to** your goals, you will grow faster.
  목표에 진심으로 전념하면, 더 빠르게 성장할 것이다.

  He didn't **commit to** the group project, so he was kicked out of the team.
  그는 그룹 과제에 열심히 참여하지 않아서, 팀에서 방출되었다.

낭독 훈련

I tried not to lose, / but I did lose, / sometimes big. / For me, / one of the biggest / was the finals at Wimbledon / in 2008. / Me versus Nadal. / Some call it / the greatest match of all time. / I lost my number one ranking, / and suddenly, people said, / "Is this the changing of the guard?" / But I knew what I had to do: / keep working / and keep competing.

In tennis, / perfection is impossible. / In the 1,526 singles matches / I played in my career, / I won almost 80% of those matches. / What percentage of points / do you think I won / in those matches? / Only 54%. / In other words, / even top-ranked tennis players / win barely more than half of the points they play.

When you lose every second point / on average, / you learn / not to dwell on every shot. / You teach yourself to think, / "Okay, / it's only a point." / This mindset is really crucial, / because it frees you / to fully commit to the next point / and the next point after that / with intensity, / clarity, / and focus.

저는 지지 않으려고 노력했지만, 졌습니다. 때로는 크게 지기도 했죠. 제게 가장 뼈아픈 패배 중 하나는 2008년 윔블던 결승전이었습니다. 저와 나달의 경기였죠. 어떤 사람들은 그 경기를 역대 최고의 경기라고 부르기도 합니다. 제가 세계 랭킹 1위를 잃자, 사람들은 갑자기 "세대 교체가 일어난 건가?"라고 말했습니다. 하지만 저는 제가 해야 할 일을 알고 있었습니다. 바로 계속 노력하고 계속 경쟁하는 것이었죠.

테니스에서 완벽이란 불가능합니다. 저는 선수 생활 동안 1,526번의 단식 경기를 치렀고, 그중 거의 80%의 경기를 이겼습니다. 그 경기에서 제가 따낸 포인트의 비율이 몇 퍼센트 정도 됐을 것 같나요? 고작 54%였습니다. 다시 말해, 최상위 테니스 선수들조차 자신이 한 플레이에서 포인트를 따내는 비율이 절반을 간신히 넘긴다는 뜻입니다.

평균적으로 두 번에 한 번꼴로 포인트를 잃게 되기 때문에, 하나하나의 샷에 연연하지 않는 법을 배우게 됩니다. 스스로 이렇게 생각하도록 훈련하는 것이죠. "괜찮아, 그건 그냥 한 포인트일 뿐이야." 이런 마음가짐은 정말 중요합니다. 왜냐하면 이런 마음가짐이 있어야 다음 포인트, 그리고 그다음 포인트에 온전히 전념할 수 있기 때문입니다. 더 강렬하게, 더 맑게, 더 집중해서 말입니다.

SPEECH 3-5 로저 페더러 다트머스 대학교 졸업식 축사

The truth is, whatever game you play in life, sometimes, you're going to lose a point, a match, a season, a job. It's a rollercoaster with many **ups and downs**, and it's natural when you're down to **doubt yourself** and to **feel sorry for** yourself. And **by the way**, your opponents **have self-doubt**, too. Don't ever forget that. You accept it, **cry it out** if you need to, and then **force a smile**. You **move on**, be **relentless**, adapt, and grow. Work harder, work smarter.

So here's the third one: life is bigger than the court. A tennis court is a small space—2,106 square feet[1] **to be exact**. I worked a lot, learned a lot, and ran a lot of miles in that small space, but the world is a lot bigger than that. Even when I was just **starting out**, I knew that tennis could show me the world, but tennis could never be the world. Even when I was in the top five, it was important to me to **have a rewarding life full of** travel, culture, friendships, and especially family.

---

1 square feet 제곱피트. 면적을 나타내는 단위. 2,106 square feet는 약 195.63㎡로, 테니스 단식 경기에 사용되는 공식 코트 면적이다.

주요 표현 확인

doubt oneself 자신을 의심하다

feel sorry for ~을 안쓰럽게 여기다

by the way 그런데

cry it out
울면서 털어내다, 감정을 해소하다

force a smile
억지로라도 웃다, 억지웃음을 짓다

move on (다음 단계로) 넘어가다

relentless
끈질긴, 가차 없는

to be exact 정확히는, 엄밀히 말하면

start out 처음 시작하다, 막 시작하다

have a rewarding life
보람된 인생을 살다

full of ~으로 가득한

핵심 패턴 연습

- **ups and downs** 우여곡절

    We've been through a lot of **ups and downs** together.
    우리는 함께 수많은 우여곡절을 겪어 왔다.

    Their journey to the top was full of **ups and downs**.
    최고의 자리를 향한 그들의 도전은 우여곡절로 가득했다.

- **have self-doubt** 스스로에 대한 의구심을 가지다

    It's normal to **have self-doubt** before a big challenge.
    큰 도전을 앞두고 스스로에 대한 의구심이 드는 것은 정상이다.

    Even the most successful people sometimes **have self-doubt**.
    가장 성공한 사람들도 때때로 스스로에 대해 의구심을 가진다.

낭독 훈련

/ 끊어 읽기   ● 강세 넣기

The **truth** is, / what**e**ver **ga**me you **play** in **li**fe, / **so**metimes, / you're **go**ing to **lo**se a **point**, / a **match**, / a **sea**son, / a **job**. / It's a **rol**lercoaster / with **ma**ny **ups** and **downs**, / and it's **na**tural when you're **down** / to **doubt** yourself / and to feel **sor**ry for your**self**. / And by the **way**, / your **op**ponents / have **self**-doubt, **too**. / Don't **e**ver for**get** that. / You ac**cept** it, / cry it **out** if you **need** to, / and then **for**ce a **smi**le. / You move **on**, / be re**lent**less, / a**dapt**, / and **grow**. / **Work hard**er, / **work smart**er.

So **here's** the **third** one: / **li**fe is **big**ger than the **court**. / A **ten**nis **court** is a **small space** / —2,106 **squa**re **feet** to be e**xact**. / I **work**ed a **lot**, / **learn**ed a **lot**, / and **ran** a **lot** of **mi**les / in that **small spa**ce, / but the **world** / is a **lot big**ger than that. / **E**ven when I was **just** starting **out**, / I **knew** that **ten**nis / could **show** me the **world**, / but **ten**nis could **ne**ver be the **world**. / **E**ven when I was in the **top fi**ve, / it was im**por**tant to me / to have a re**ward**ing **life** / **full** of **tra**vel, / **cul**ture, / **fri**endships, / and es**pe**cially **fa**mily.

사실 여러분이 인생에서 어떤 게임을 하든, 때로는 포인트를 잃기도 하고, 경기를 지기도 하고, 시즌을 놓치기도 하고, 직장을 잃기도 할 것입니다. 인생은 오르내림이 많은 롤러코스터와 같아서, 여러분이 내리막에 있을 때 스스로를 의심하고 동정하게 되는 것은 자연스러운 일입니다. 그런데 여러분의 경쟁자도 스스로를 의심한답니다. 이 사실을 절대 잊지 마세요. 그러니 그 상황을 받아들이고, 필요하다면 울면서 털어내고, 억지로라도 웃어야 합니다. 계속 앞으로 나아가고, 끈질기게 노력하고, 적응하고, 성장하세요. 더 열심히, 더 똑똑하게 일하세요.

세 번째 교훈은, 인생은 테니스 코트보다 더 넓다는 것입니다. 테니스 코트는 작은 공간입니다. 정확히 말하면 2,106제곱피트의 크기입니다. 저는 그 작은 공간 안에서 수없이 연습했고, 많은 것을 배웠으며, 수많은 거리를 뛰었습니다. 하지만 세상은 그보다 훨씬 더 넓습니다. 저는 처음 선수 생활을 시작했을 때부터 테니스가 제게 세상을 보여 줄 수는 있지만, 결코 테니스 자체가 세상이 될 수는 없다는 것을 알고 있었습니다. 제가 최상위 다섯 명에 들었을 때조차도, 저는 여행, 문화, 우정, 그리고 특히 가족으로 가득 찬 보람 있는 삶을 사는 것이 중요했습니다.

로저 페더러 다트머스 대학교 졸업식 축사

I never abandoned **my roots**. I never forgot **where** I **came from**, but I also never **lost my appetite to** see the world.

I left home at 14 to go to school in the French part of Switzerland for 2 years, and I **was horribly homesick** at first, but I learned to love **a life on the move**. Maybe these are the reasons I never **burned out**. I was excited to travel the world, but not just as a tourist. I realized pretty early that I wanted to **serve** other people in other countries.

Motivated by my South African mother, I **started a foundation** to **empower** children through education. In Sub-Saharan Africa, 75% of children do not have access to preschool. Think about that—75%. Like all children, they need a good start if they're going to **fulfill their potential**. And **so far**, we've helped nearly 3 million children **get a quality education** and helped train more than 55,000 teachers.

주요 표현 확인

one's roots ~의 뿌리, ~의 출신[고향]

where one comes from ~가 어디에서 왔는지

be horribly homesick 향수병을 심하게 앓다

a life on the move 이동이 많은 삶, 계속 변화하는 삶

burn out 지치다, 번아웃이 오다

serve someone ~를 돕다, ~를 섬기다

start a foundation 재단을 설립하다

empower someone ~의 능력[지위]을 향상시키다

so far 지금까지

get a quality education 양질의 교육을 받다

핵심 패턴 연습

- **lose one's appetite to**
  ~하고 싶은 의욕을 잃다, ~할 마음이 사라지다

  I **lost my appetite to** study after failing the test.
  나는 시험에 떨어진 후 공부할 의욕을 잃었다.

  He **lost his appetite to** talk to anyone.
  그는 누구와도 대화하고 싶은 마음이 사라졌다.

- **fulfill one's potential**
  ~의 잠재력을 실현하다, ~의 가능성을 발휘하다

  He worked hard to **fulfill his potential** as a writer.
  그는 작가로서의 잠재력을 실현하기 위해 열심히 노력했다.

  She moved to a bigger company to **fulfill her potential**.
  그녀는 자신의 능력을 제대로 펼치기 위해 더 큰 회사로 이직했다.

낭독 훈련

/ 끊어 읽기   ● 강세 넣기

I never abandoned my roots. / I never forgot / where I came from, / but I also never lost my appetite / to see the world.

I left home at 14 / to go to school / in the French part of Switzerland / for 2 years, / and I was horribly homesick at first, / but I learned to love a life / on the move. / Maybe these are the reasons / I never burned out. / I was excited to travel the world, / but not just as a tourist. / I realized pretty early / that I wanted to serve other people / in other countries.

Motivated by my South African mother, / I started a foundation to empower children / through education. / In Sub-Saharan Africa, / 75% of children / do not have access to preschool. / Think about that / —75%. / Like all children, / they need a good start / if they're going to fulfill their potential. / And so far, / we've helped nearly 3 million children / get a quality education / and helped train more than 55,000 teachers.

저는 결코 제 뿌리를 잊지 않았습니다. 제가 어디에서 왔는지를 잊지 않았고, 그와 동시에 세상을 향한 호기심과 열정 또한 잃지 않았습니다.

저는 열네 살에 집을 떠나 스위스의 프랑스어권 지역에서 2년간 학교를 다녔습니다. 처음에는 집이 너무 그리워 정말 힘들었습니다. 하지만 점점 움직이며 살아가는 삶을 사랑하게 되었습니다. 어쩌면 이런 점들이 제가 한 번도 번아웃에 빠지지 않았던 이유일지도 모릅니다. 저는 세상을 여행하는 것이 늘 설레었지만, 단순한 관광객으로서가 아니었습니다. 저는 일찍부터 다른 나라에서 다른 사람들을 돕고 싶다는 생각을 했습니다.

남아프리카 공화국 출신인 어머니의 영향을 받아, 저는 교육을 통해 아이들의 역량을 향상시키는 재단을 설립했습니다. 사하라 사막 이남의 아프리카에서는 75%의 어린이가 유치원 교육을 받지 못합니다. 생각해 보세요. 무려 75%입니다. 모든 아이들이 그렇듯, 그 아이들도 자신의 잠재력을 발휘하려면 좋은 출발점이 필요합니다. 지금까지 저희는 약 3백만 명의 아이들이 양질의 교육을 받을 수 있도록 지원하고 5만 5천 명 이상의 교사를 양성하는 데 도움을 주었습니다.

SPEECH 3-7 로저 페더러 다트머스 대학교 졸업식 축사

It's been an honor to help **tackle this challenge**. It's a wonderful feeling to visit these incredible **rural places** and to find classrooms full of children who are learning and reading and playing like children everywhere should **be allowed to** do.

I can't believe we've just celebrated 20 years of this work, especially because I started the foundation before I thought I was ready. I was 22 **at the time**. Like many of you are today, I **was not ready for** anything **other than** tennis, but sometimes, you've got to **take a chance**, and then **figure it out**.

Philanthropy can mean a lot of things. It can mean starting a **non-profit** or donating money, but it can also mean contributing your ideas, your time, and your energy to a mission that is larger than yourself. All of you have so much to give, and I hope you will find your own unique ways to make a difference, because life really is much bigger than the court.

주요 표현 확인

It's been an honor to
~하게 되어 영광이다

rural place 전원 지역, 시골 지역

be allowed to
~하도록 허락되다, ~해도 되다

at the time 그때에는, 그 당시에는

other than ~외에

take a chance
기회를 잡다, 도전하다, 모험하다

figure it out
깨달음을 얻다, 상황을 파악하다

philanthropy 자선 활동

non-profit 비영리적인, 비영리 단체

핵심 패턴 연습

- **tackle a challenge** 문제를 해결하다, 문제에 대처하다

    We need creative solutions to **tackle the challenge** of climate change.
    기후 변화라는 문제를 해결하기 위해서는 창의적인 해법이 필요하다.

    Our team decided to **tackle the challenge** head-on.
    우리 팀은 당면한 문제에 정면 대응하기로 결정했다.

- **be ready for** ~할 준비가 되다

    I **am ready for** a new challenge.
    나는 새로운 도전을 할 준비가 됐다.

    She studied all night to **be ready for** the exam.
    그녀는 시험 준비를 위해 밤새 공부했다.

낭독 훈련

/ 끊어 읽기   ● 강세 넣기

It's been an honor / to help tackle this challenge. / It's a wonderful feeling / to visit these incredible rural places / and to find classrooms full of children / who are learning and reading and playing / like children everywhere / should be allowed to do.

I can't believe / we've just celebrated 20 years of this work, / especially because I started the foundation / before I thought I was ready. / I was 22 at the time. / Like many of you are today, / I was not ready for anything other than tennis, / but sometimes, / you've got to take a chance, / and then / figure it out.

Philanthropy / can mean a lot of things. / It can mean starting a non-profit / or donating money, / but it can also mean / contributing your ideas, / your time, / and your energy / to a mission that is larger than yourself. / All of you / have so much to give, / and I hope you will find your own unique ways / to make a difference, / because life / really is much bigger than the court.

저는 이 문제를 해결하는 데 도움을 줄 수 있어서 영광이었습니다. 이 놀라운 전원 지역들을 방문해서, 전 세계 아이들이 누리는 것처럼 배우고, 읽고, 놀고 있는 아이들로 가득한 교실을 보면 참 감동적입니다.

우리가 이 일을 시작한 지 벌써 20년이 되었다는 사실이 아직도 믿기지 않습니다. 왜냐하면 이 재단을 시작할 당시, 저는 준비가 덜 되었다고 생각했거든요. 그 당시에 제 나이는 스물두 살이었어요. 오늘 여러분 중 많은 분들이 그러하듯, 저는 테니스 외에는 그 어떠한 것도 준비가 되어 있지 않았습니다. 하지만 때로는 일단 용기를 내어 도전하고, 그다음에 방법을 찾아야 할 때도 있습니다.

자선 활동은 많은 것을 의미할 수 있습니다. 비영리 단체를 세우거나 돈을 기부하는 것도 있지만, 더 큰 사명을 위해 여러분의 생각과 시간, 에너지를 보태는 것도 자선 활동이 될 수 있습니다. 여러분은 모두 세상에 줄 수 있는 것이 아주 많습니다. 저는 여러분이 자신만의 특별한 방식으로 세상에 긍정적인 변화를 만들어 가는 길을 찾기를 바랍니다. 왜냐하면 인생은 정말로 테니스 코트보다 훨씬 더 넓기 때문입니다.

SPEECH 3-8 로저 페더러 다트머스 대학교 졸업식 축사

Tennis, like life, is a team sport. Yes, you stand alone on your side of the net, but your success depends on your team, your coaches, your teammates, even your rivals. All these influences help to make you who you are. These **personal relationships matter the most**. I learned this **way of thinking** from the best, my parents.

Graduates, I know your parents, your families—they **made the sacrifices** to get you here, and they have shared your **triumphs** and your **struggles**. They will always, always **be in your corner**, and not only them. As you **head out** into the world, don't forget, you **get to** bring all of this with you—this culture, this energy, these people.

So there are your tennis lessons for the day. "Effortless" is a myth, **as** we **heard**. It's only a point. Life is bigger than the court. Whatever game you choose, **give it your best**. Go for your shots, play free, try everything, and **most of all**, **be kind to one another**, and **have fun** out there. Congratulations again, Class of 2024.

연설 음원

주요 표현 확인

personal relationships 인간관계
matter the most 가장 중요하다
way of thinking 사고방식
make sacrifices 희생하다
triumph 승리의 순간
struggle 난관, 어려움
head out 향하다, 나아가다

get to ~하게 되다
as one hears ~가 들은 대로
most of all 무엇보다도, 그중에서도
be kind to ~에게 친절하다
one another 서로
have fun 즐기다

핵심 패턴 연습

- **be in one's corner** ~의 편이다, ~를 지지하다

  No matter what happens, I'll always **be in your corner**.
  무슨 일이 있어도, 난 항상 네 편이다.

  Even when I failed, my parents **were in my corner**.
  내가 실패했을 때도, 부모님은 항상 내 편이었다.

- **give it one's best** 최선을 다하다, 전력투구하다, 진력하다

  You will have no regrets if you **give it your best**.
  전력투구를 하면, 최소한 후회는 남지 않을 것이다.

  She **gave it her best** but didn't win the game.
  그녀는 최선을 다했지만 경기를 이기지는 못했다.

낭독 훈련

끊어 읽기   ● 강세 넣기

Tennis, / like life, / is a team sport. / Yes, / you stand alone / on your side of the net, / but your success / depends on your team, / your coaches, / your teammates, / even your rivals. / All these influences / help to make you who you are. / These personal relationships / matter the most. / I learned this way of thinking / from the best, / my parents.

Graduates, / I know your parents, / your families / —they made the sacrifices / to get you here, / and they have shared your triumphs / and your struggles. / They will always, / always be in your corner, / and not only them. / As you head out into the world, / don't forget, / you get to bring all of this with you / —this culture, / this energy, / these people.

So there are your tennis lessons / for the day. / "Effortless" is a myth, / as we heard. / It's only a point. / Life / is bigger than the court. / Whatever game you choose, / give it your best. / Go for your shots, / play free, / try everything, / and most of all, / be kind to one another, / and have fun out there. / Congratulations again, / Class of 2024.

테니스는 인생과 마찬가지로 팀 스포츠입니다. 그래요, 여러분은 네트 너머에 혼자 서 있지만, 여러분의 성공은 팀, 코치, 동료, 심지어 라이벌에게도 달려 있습니다. 이런 모든 영향들이 지금의 여러분을 만들어 주는 것입니다. 그리고 이런 개인적인 관계들이야말로 가장 중요한 것입니다. 저는 이런 생각을 이 세상에서 가장 훌륭한 분들인, 바로 제 부모님에게서 배웠습니다.

졸업생 여러분, 저는 여러분의 부모님과 가족들이 여러분을 여기까지 오게 하기 위해 많은 희생을 했고, 여러분의 성공과 역경을 함께 겪어 왔다는 것을 잘 알고 있습니다. 그분들은 언제나, 항상 여러분 편에 있을 것입니다. 그리고 그분들뿐 아니라, 여러분이 세상으로 나아갈 때 이 모든 것을 함께 가져간다는 것을 잊지 마세요. 이 문화, 이 에너지, 이 사람들을 말입니다.

자, 오늘의 테니스 레슨은 여기까지입니다. 앞서 들은 대로, '노력 없이 쉽게 되는 것처럼 보이면' 그것은 착각입니다. 그저 한 포인트일 뿐입니다. 인생은 테니스 코트보다 더 넓습니다. 여러분이 어떤 경기를 선택하든, 최선을 다하세요. 샷을 날리고, 자유롭게 플레이하고, 모든 것을 시도해 보고, 무엇보다도 서로에게 친절하고, 즐겁게 사세요. 2024년도 졸업생 여러분, 다시 한번 축하합니다.

연설문 요약

저는 오늘 여러분 앞에 서게 되어 정말 기쁩니다. 사실 저는 열여섯 살에 학교를 그만두고 테니스를 시작했어요. 대학은 가지 않았지만, 테니스를 은퇴하면서 저도 인생의 새로운 장을 열었죠. 여러분과 비슷한 입장이에요. 저도 "앞으로 무엇을 할까?" 계속 고민 중이죠. 그래서 여러분의 마음을 잘 알아요.

제가 테니스에서 배운 가장 중요한 세 가지 교훈을 나누고 싶어요. 첫째, **노력 없이 되는 일은 없어요.** 사람들은 제가 쉽게 경기하는 것 같다고 말했지만, 보이지 않는 곳에서 제가 얼마나 많은 시간을 훈련에 쏟아부었는지는 몰랐죠. 둘째, **실수해도 괜찮아요.** 테니스 경기에서는 챔피언들도 늘 포인트를 잃기 마련이에요. 중요한 것은 다음 포인트에 집중하는 거예요. 셋째, **인생은 테니스 코트보다 훨씬 더 넓어요.** 저는 세계 곳곳을 여행하며 어린이들을 위한 교육 재단을 만들었어요. 가족과의 시간도 정말 소중하게 생각해요.

그러니 여러분도 인생이라는 경기에서 무엇을 선택하든, 열심히, 친절하게, 그리고 즐겁게 살아가길 바라요. 졸업생 여러분, 축하합니다!

I'm really happy to speak to you today. I left school at 16 to become a tennis player. I didn't go to college, but after I retired from tennis, I also started a new chapter—just like you are doing now. I still ask myself, "What's next?" So I understand how you feel.

I want to share three big lessons I learned from tennis during my career. First, **nothing comes without hard work.** People said I played tennis easily, but they didn't see the hours I spent training when no one was watching. Second, **it's okay to make mistakes.** In tennis, even champions lose points all the time. What matters is focusing on the next point. Third, **life is bigger than the tennis court.** I traveled around the world and started a foundation to help kids get an education. I love spending time with my family, too.

So whatever game you choose in life—work hard, stay kind, enjoy the journey, and keep moving forward. Congratulations, graduates!

주제 토론

① 사람들은 로저 페더러가 경기를 쉽게 이긴다고 생각했지만, 사실 그는 보이지 않는 곳에서 엄청난 연습을 하고 있었어요. 여러분도 쉽게 해낸 것처럼 보이지만, 실제로는 정말 열심히 연습했던 적이 있나요?

People thought Roger Federer won matches easily, but actually, he trained very hard when no one was watching. Have you ever had a moment when something looked easy to others, but in fact, you had practiced really hard behind the scenes?

② 로저 페더러는 한때 속상한 감정을 주체하지 못해 테니스 라켓을 던지기도 했지만, 시간이 지나며 마음을 다스리는 법을 배웠다고 합니다. 여러분도 일이 뜻대로 되지 않아 화가 났던 적이 있나요? 마음을 진정시키는 데 무엇이 도움이 되었나요?

Roger Federer said he used to get upset and throw his racket, but he eventually learned to stay calm. Have you ever felt angry when things didn't go your way? What helped you calm down?

③ 로저 페더러는 테니스가 혼자 하는 운동처럼 보일 수 있지만, 실제로는 가족, 친구, 코치, 심지어 경쟁자까지 자신을 성장시켜 주는 '팀 스포츠'라고 말합니다. 여러분에게도 성장을 도와주는 사람들이 있나요? 누구인가요? 어떤 도움을 받았나요?

Roger Federer said that tennis may look like an individual sport, but in reality, it's a "team sport" which includes family, friends, coaches, and even rivals who help you grow. Do you have people who support your growth? Who are they, and how do they help you?

주제 토론 ③ 예시 답변

저는 글쓰기가 어려워서 항상 자신이 없었어요. 그런데 저를 도와주는 '팀'이 있어서 조금씩 나아지고 있어요.

먼저, 저희 엄마는 제가 글을 쓸 때 옆에서 같이 아이디어를 정리해 주시고, 너무 어렵지 않게 글을 쓰는 방법을 알려 주셨어요. 또, 담임 선생님은 "글은 잘 쓰는 것보다 솔직하게 쓰는 게 중요해."라고 말해 주셔서 마음이 편해졌어요. 그리고 친구 한 명은 자신이 쓴 글을 보여 주면서 "이렇게 써도 괜찮아." 하고 응원해 줬어요.

이런 사람들이 있어서, 이제는 더 이상 글쓰기가 두렵지 않아요.

SPEECH
4

Sheryl Sandberg's Speech
at University of California, Berkeley, 2016

셰릴 샌드버그 UC 버클리 졸업식 축사, 2016

연설 영상

셰릴 샌드버그(Sheryl Sandberg)는 메타(Meta, 구 Facebook)의 전 최고운 영책임자(COO)이자 베스트셀러 도서 ≪린 인(Lean In)≫의 저자이며, 세계적으로 영향력 있는 여성 리더 중 한 명이다.

그녀는 2016년 UC 버클리 졸업식 연설에서, 남편의 갑작스러운 죽음을 겪은 후 경험한 감정과 회복탄력성, 감사의 힘에 대해 이야기하며, 고통과 슬픔 속에서도 다시 일어설 수 있다는 희망과 용기의 메시지를 전했다.

SPEECH 4-1 셰릴 샌드버그 UC 버클리 졸업식 축사

It's my privilege to be here at Berkeley, which has produced so many Nobel Prize winners, members of Congress, Olympic gold medalists—and that's just the women!

Berkeley has always been **ahead of the times**. Early on, Berkeley **opened its doors to** the entire population. In 1873, you had 167 men and 222 women. It took my **alma mater** another 90 years to give a single degree to a single woman.

One of the women who came here **in search of** opportunity was Rosalind Nuss. Roz grew up **scrubbing floors** in the **boarding house** where she lived. Her parents **pulled** her **out of** high school to help **support the family**. And a local teacher **talked** her parents **into** putting her back in school. In 1937, she became a Berkeley graduate.

Roz was my grandmother. She is one of the major inspirations in my life. **I'm** so **grateful to** Berkeley **for recognizing her potential**. And I want to **say a special congratulations to** those who, today, have become **the first in their families to** graduate from college.

주요 표현 확인

It's one's privilege to
~하게 되어 영광이다

open one's doors to
~에게 기회를 제공하다, ~에게 문을 개방하다

alma mater 모교, 출신 학교

in search of ~을 찾아서

scrub floors 바닥을 닦다

boarding house 하숙집, 기숙사

pull someone out of
~에서 누군가를 빼내다

support the family
가족을 부양하다

be grateful to someone for something
~에게 …을 고맙게 여기다

recognize one's potential
~의 잠재력을 알아보다

say a special congratulations to
~에게 특별히 축하의 인사를 전하다

the first in one's family to
~의 가족 중 처음으로 …하다

핵심 패턴 연습

- **ahead of the times** 시대를 앞서가는

    Her ideas were so far **ahead of the times** that nobody understood them.
    그녀의 아이디어는 너무나 시대를 앞서가서 아무도 그것을 이해하지 못했다.

    Some fashion trends might actually be **ahead of the times**.
    몇몇 패션 트렌드는 사실 시대를 앞서간 것일 수 있다.

- **talk someone into** ~를 …하도록 설득하다

    She **talked** me **into** joining the club.
    그녀가 나를 동아리에 가입하도록 설득했다.

    I tried to **talk** him **into** changing his mind.
    나는 그가 마음을 바꾸도록 설득하려고 했다.

낭독 훈련

It's my privilege / to be here at Berkeley, / which has produced / so many Nobel Prize winners, / members of Congress, / Olympic gold medalists / —and that's just the women!

Berkeley has always been / ahead of the times. / Early on, / Berkeley opened its doors / to the entire population. / In 1873, / you had 167 men / and 222 women. / It took my alma mater another 90 years / to give a single degree / to a single woman.

One of the women who came here / in search of opportunity / was Rosalind Nuss. / Roz grew up / scrubbing floors in the boarding house / where she lived. / Her parents pulled her out of high school / to help support the family. / And a local teacher talked her parents / into putting her back in school. / In 1937, / she became a Berkeley graduate.

Roz was my grandmother. / She is one of the major inspirations / in my life. / I'm so grateful to Berkeley / for recognizing her potential. / And I want to say a special congratulations / to those who, today, / have become the first in their families / to graduate from college.

오늘 이렇게 버클리에서 여러분과 함께할 수 있어 영광입니다. 버클리는 수많은 노벨상 수상자, 국회의원, 올림픽 금메달리스트들을 배출했는데, 그게 다 여성들만 놓고 봤을 때 이야기입니다!

버클리는 항상 시대를 앞서갔습니다. 일찌감치 모든 사람에게 학교의 문을 활짝 열었죠. 1873년에 이미 남학생 167명, 여학생 222명이 재학 중이었습니다. 제가 졸업한 대학은 그 후 90년이 지나서야 비로소 여성 졸업생 한 명에게 첫 학위를 수여했으니까요.

기회를 찾아 이곳 버클리에 왔던 여성들 중 한 명이 바로 로절린드 너스였습니다. 로즈는 하숙집에 살면서 바닥을 닦는 일을 하며 자랐습니다. 그녀의 부모님은 가족의 생계를 돕게 하려고 그녀를 고등학교에서 중퇴시켰습니다. 하지만 지역의 한 선생님이 부모님을 설득해 그녀를 다시 학교에 보내게 했죠. 그리고 1937년, 그녀는 버클리 졸업생이 되었습니다.

로즈는 바로 저의 할머니입니다. 할머니는 제 인생에 가장 큰 영감을 준 사람 중 한 분이랍니다. 할머니의 잠재력을 알아봐 준 버클리에 정말 감사드려요. 그리고 오늘, 가족 중 처음으로 대학을 졸업하게 된 분들께 특별히 축하의 말을 건하고 싶습니다.

SPEECH 4-2 셰릴 샌드버그 UC 버클리 졸업식 축사

Today is **a day of** celebration—a day to celebrate all the hard work that **got** you **to this moment**. Today is **a day of** thanks—a day to thank all the people who helped you get here—those who taught you, nurtured you, **cheered** you **on**, and dried your tears. Today is **a day of** reflection, because today **marks the end of** one era of your life and the beginning of something new.

Today is going to be a bit different. I am not going to tell you today what I've learned in life. I am going to try to tell you what I learned in death.

One year and thirteen days ago, I **lost** my husband, Dave. His death was **sudden and unexpected**. We were in Mexico, celebrating a friend's 50th birthday party. I **took a nap**. He went to **work out**. **What followed** was the **unthinkable**—I walked into a gym to find him **lying on the floor**. I **flew home** to tell my children that their father **was gone**. I watched his **casket** being lowered into the ground.

주요 표현 확인

a day of ~의 날, ~하는 날
get someone to this moment ~를 지금 이 순간까지 오게 하다
lose someone ~를 잃다
sudden and unexpected 갑작스럽고 예기치 못한
take a nap 낮잠을 자다

work out 운동하다
what followed 연이어 발생한 상황
unthinkable 상상조차 하기 힘든
lie on the floor 바닥에 눕다
fly home 비행기를 타고 집으로 가다
be gone 더 이상 존재하지 않다
casket 관

핵심 패턴 연습

- **cheer someone on** ~를 응원하다

    We all went to the stadium to **cheer** our team **on**.
    우리는 모두 경기장에 가서 우리 팀을 응원했다.

    He was always there to **cheer** me **on** during tough times.
    그는 힘든 시기에도 항상 내 곁에서 나를 응원했다.

- **mark the end of** 대미를 장식하다

    The fireworks will **mark the end of** the festival.
    불꽃놀이가 축제의 대미를 장식할 것이다.

    The retirement party **marked the end of** her brilliant career.
    퇴임식 파티는 그녀의 빛나는 커리어의 대미를 장식했다.

낭독 훈련

/ 끊어 읽기   ● 강세 넣기

Today is a day of celebration / —a day to celebrate all the hard work / that got you to this moment. / Today is a day of thanks / —a day to thank all the people / who helped you get here / —those who taught you, / nurtured you, / cheered you on, / and dried your tears. / Today is a day of reflection, / because today marks the end / of one era of your life / and the beginning of something new.

Today / is going to be a bit different. / I am not going to tell you today / what I've learned in life. / I am going to try to tell you / what I learned in death.

One year and thirteen days ago, / I lost my husband, Dave. / His death was sudden / and unexpected. / We were in Mexico, / celebrating a friend's 50th birthday party. / I took a nap. / He went to work out. / What followed was the unthinkable / —I walked into a gym / to find him lying on the floor. / I flew home to tell my children / that their father was gone. / I watched his casket / being lowered into the ground.

오늘은 축하의 날입니다. 이 순간에 이르기까지 여러분이 쏟아 온 모든 노력들을 기념하는 날이죠. 오늘은 감사의 날이기도 합니다. 여러분을 이 자리까지 올 수 있도록 도와준 모든 사람들, 즉 여러분을 가르치고, 길러 주고, 응원하고, 눈물 닦아 준 모든 이들에게 감사를 표하는 날입니다. 동시에, 오늘은 성찰의 날이기도 합니다. 왜냐하면 오늘은 여러분의 인생에서 한 시대가 끝나고 새로운 무언가가 시작되는 날이기 때문입니다.

하지만 오늘은 여느 때와 조금 다를 겁니다. 저는 제가 '삶'을 통해 배운 것을 이야기하기보다, '죽음'을 통해 배운 것을 이야기해 보려 합니다.

1년 하고도 13일 전, 저는 남편 데이브를 잃었습니다. 그의 죽음은 너무나 갑작스럽고 예상치 못한 일이었습니다. 우리는 멕시코에서 친구의 50번째 생일을 축하하던 중이었어요. 저는 낮잠을 잤고, 남편은 운동을 하러 갔죠. 그리고 그 뒤에 일어난 일은 정말 상상조차 할 수 없는 일이었습니다. 제가 체육관에 들어섰을 때, 남편은 바닥에 쓰러져 있었습니다. 저는 비행기를 타고 집으로 돌아와 아이들에게 아빠가 떠났다는 사실을 말해야 했습니다. 그리고 그의 관이 땅속으로 내려가는 모습을 지켜보았습니다.

SPEECH 4-3 셰릴 샌드버그 UC 버클리 졸업식 축사

For many months afterward, and at many times since, I **was swallowed by** the deep fog of grief—**what** I **think of as** the **void**—an emptiness that fills your heart and your lungs, **constricts your ability to** think, or even to breathe.

Dave's death **changed** me **in** very **profound ways**. I learned about the depths of sadness and the brutality of loss. But I also learned that when life **sucks you under**, you can kick against the bottom, find the surface, and breathe again. I learned that **in the face of** the void—or **in the face of** any challenge—you can choose joy and meaning.

I'm **sharing** this **with** you today **in the hope that**, on this day in your lives—with all the **momentum** and joy—you can learn in life the lessons that I only learned in death. These are lessons about hope, about strength, and about **the light within** us that will not be **extinguished**.

주요 표현 확인

be swallowed by ~에 압도당하다

what one thinks of as ~가 …라고 생각하는 것

void 공허감

constrict one's ability to ~할 수 있는 능력을 제한하다

change someone in profound ways ~를 송두리째 바꾸어 놓다

in the face of ~에 직면했을 때

share something with someone ~와 …을 나누다

momentum 추진력, 여세

the light within someone ~의 안에 있는 빛, ~의 안에 있는 희망

extinguish (불을) 끄다, 진화하다

핵심 패턴 연습

- **suck someone under** ~를 압도하다

    Don't let stress **suck** you **under** during difficult times.
    힘든 시기에 스트레스가 너를 압도하게 두지 마라.

    She felt grief **sucking** her **under** after the loss of her husband.
    그녀는 남편을 잃은 후 슬픔이 자신을 압도하려는 것을 느꼈다.

- **in the hope that** ~하기를 바라며, ~라는 희망을 가지고

    I'm sharing this story **in the hope that** it helps someone.
    나는 누군가에게 도움이 되기를 바라며 이 이야기를 나눈다.

    She applied for the job **in the hope that** she could start a new life.
    그녀는 새로운 삶을 시작하기를 바라며 그 일자리에 지원했다.

낭독 훈련

For many months afterward, / and at many times since, / I was swallowed / by the deep fog of grief / —what I think of as the void / —an emptiness that fills your heart / and your lungs, / constricts your ability to think, / or even to breathe.

Dave's death changed me / in very profound ways. / I learned about the depths of sadness / and the brutality of loss. / But I also learned that / when life sucks you under, / you can kick against the bottom, / find the surface, / and breathe again. / I learned that in the face of the void / —or in the face of any challenge / —you can choose joy and meaning.

I'm sharing this with you today / in the hope that, / on this day in your lives / —with all the momentum and joy / —you can learn in life / the lessons that I only learned in death. / These are lessons about hope, / about strength, / and about the light within us / that will not be extinguished.

그 후로 몇 달 동안, 그리고 그 이후에도 수많은 순간순간, 짙은 슬픔의 안개가 저를 집어삼켰습니다. 제 생각에 그 감정은 '공허함'이었던 것 같습니다. 거대한 공허가 가슴과 폐에 가득 차 생각할 수도, 심지어 숨을 쉴 수도 없었습니다.

데이브의 죽음은 저를 완전히 변화시켰습니다. 저는 슬픔의 심연과 상실의 잔혹함에 대해 배웠습니다. 하지만 동시에, 삶이 우리를 바닥으로 끌어내리더라도, 바닥을 박차고 수면 위로 올라와, 다시 숨을 쉴 수 있다는 것도 배웠습니다. 저는 이런 공허함에 직면했을 때, 혹은 그 어떤 시련을 마주했을 때라도, 우리가 기쁨과 의미를 선택할 수 있다는 것을 깨달았습니다.

여러분의 인생에 기쁨과 활력이 넘치는 오늘 같은 날 이런 이야기를 나누는 이유는, 제가 죽음을 통해 비로소 깨달은 교훈을 여러분은 삶 속에서 미리 배우길 바라기 때문입니다. 그 교훈들은 희망에 대한 것이고, 강인함에 대한 것이며, 우리 안의 결코 꺼지지 않는 빛에 대한 것입니다.

셰릴 샌드버그 UC 버클리 졸업식 축사

Everyone who has **made it through** Cal[1] has already experienced some disappointment. You wanted an A, but you got a B. You got an A-minus, but you're still mad. There's **loss of** opportunity: the job that doesn't **work out**, the illness or crime which changes everything **in an instant**. **Loss of** dignity: the sharp sting of prejudice when it happens. **Loss of** love. Sometimes, **loss of** life itself.

What I want to talk about today is **what you do next**—the things you can do to **overcome adversity**, **no matter when** it hits you or how it hits. The easy days ahead of you will be easy. It is the hard days that will determine who you are. You will be defined not just by what you achieve, but by how you survive.

After studying how people **deal with** setbacks, psychologist Martin Seligman found that there are three P's—personalization, pervasiveness, and permanence—that **are critical to** how we **bounce back from** hardship. The seeds of **resilience** are planted in the way we process the negative events of our lives.

---

[1] Cal 캘. UC 버클리(University of California, Berkeley)의 약칭으로, 학생들과 동문들 사이에서 널리 쓰인다.

주요 표현 확인

loss of ~의 상실
work out 잘되다
in an instant 순식간에, 단번에
what one does next
~가 그다음에 할 일
overcome adversity
역경을 극복하다

no matter when
언제 ~이든 상관없이, 언제 ~하든지 간에
deal with ~을 다루다, ~에 대처하다
be critical to
~에 아주 중요하다, ~에 결정적이다
resilience 회복탄력성, 회복력

핵심 패턴 연습

- **make it through** ~을 견디다, ~을 무사히 마치다

  She **made it through** the darkest time of her life.
  그녀는 인생에서 가장 힘든 시기를 견뎌 냈다.

  My grandfather **made it through** surgery successfully.
  할아버지가 수술을 무사히 마치셨다.

- **bounce back from** ~으로부터 재기하다

  Everyone is amazed at how quickly she **bounced back from** failure.
  그녀가 얼마나 빨리 실패로부터 재기했는지 알면 모두가 놀란다.

  The company **bounced back from** financial troubles in just six months.
  그 회사는 단 6개월 만에 재정적 어려움을 극복하고 재기했다.

낭독 훈련

Everyone who has made it through Cal / has already experienced some disappointment. / You wanted an A, / but you got a B. / You got an A-minus, / but you're still mad. / There's loss of opportunity: / the job that doesn't work out, / the illness or crime / which changes everything in an instant. / Loss of dignity: / the sharp sting of prejudice / when it happens. / Loss of love. / Sometimes, / loss of life itself.

What I want to talk about today / is what you do next / —the things you can do / to overcome adversity, / no matter when it hits you / or how it hits. / The easy days ahead of you / will be easy. / It is the hard days / that will determine who you are. / You will be defined / not just by what you achieve, / but by how you survive.

After studying how people deal with setbacks, / psychologist Martin Seligman / found that there are three P's / —personalization, / pervasiveness, / and permanence / —that are critical to how we bounce back / from hardship. / The seeds of resilience are planted / in the way we process the negative events / of our lives.

버클리대를 끝까지 마친 여러분이라면, 이미 인생에서 한두 번쯤은 실망을 겪어 보았을 겁니다. 'A'를 받고 싶었지만 'B'를 받았던 적, 'A-'를 받고도 여전히 화가 났던 적이 있었을 겁니다. 기회의 상실—뜻대로 되지 않은 일자리, 한순간에 모든 것을 바꿔 버린 병이나 범죄. 존엄의 상실—차별을 겪었을 때 느끼는 날카로운 상처. 사랑의 상실. 때로는 생명 자체의 상실도 있었을 겁니다.

오늘 제가 여러분과 나누고 싶은 이야기는 바로, 역경 그다음에 여러분이 무엇을 할 것인가입니다. 언제, 어떤 방식으로 닥쳐오든 그 역경을 극복하기 위해 여러분이 할 수 있는 일들에 대해 말하고 싶습니다. 앞으로의 삶에서 쉬운 날들은 그저 쉽게 지나갈 겁니다. 그런데 여러분이 진정 누구인지를 결정하는 것은 바로 힘든 날들입니다. 여러분은 그저 무엇을 성취하느냐에 의해서가 아니라, 역경 속에서 어떻게 살아남느냐에 의해 정의될 것입니다.

사람들이 시련에 어떻게 반응하는지를 연구한 심리학자 마틴 셀리그만은, 우리가 시련을 딛고 다시 일어서는 것을 방해하는 세 가지 'P'라는 개념을 발견했습니다. 바로 개인화(Personalization, "내 탓이야"), 전면화(Pervasiveness, "내 인생이 전부 엉망이 됐어"), 영구화(Permanence, "이 고통은 영원할 거야")입니다. 우리가 겪는 부정적인 사건들을 어떻게 받아들이고 해석하느냐에 따라, 회복탄력성의 씨앗이 심어집니다.

SPEECH 4-5 셰릴 샌드버그 UC 버클리 졸업식 축사

The first P is personalization—the belief that we **are at fault**. This teaches us that not everything that happens to us happens because of us. Studies show that **getting past** personalization can make us stronger. College swimmers who **underperform in a race** but believe they can do better, do. Not **taking** failures **personally** allows us to recover and even to thrive.

The second P is pervasiveness—the belief that an event will affect **all areas of your life**. Child psychologists **encouraged** me **to** get my children back to their routine **as quickly as possible**. So ten days after Dave died, my kids went back to school and I went back to work. That decision helped me see other things in my life that were not awful. Losing a partner often has severe negative financial consequences, especially for women. So many single parents **struggle to make ends meet** and don't **get the time off** they need to **care for** their families. I **had financial security**, the ability to **take the time off**, and a job I loved. Gradually, my children started **sleeping through the night**, crying less, and playing more.

주요 표현 확인

be at fault ~에게 잘못이 있다
get past ~을 극복하고 넘어가다
underperform in a race
시합에서 부진하다
all areas of one's life
~의 삶의 모든 영역, ~의 삶 전체
encourage someone to
~가 …하도록 격려하다, ~가 …하라고 권하다
as quickly as possible
가능한 한 빨리

struggle to ~하기 위해 고군분투하다
get the time off
휴식을 취하다, 쉬다
care for ~를 보살피다
have financial security
경제적으로 안정되다
take time off 휴식을 취하다, 쉬다
sleep through the night
밤에 깨지 않고 자다

핵심 패턴 연습

- **take something personally** ~을 감정적으로 받아들이다

  Try not to **take** their criticism **personally**.
  그들의 비판을 감정적으로 받아들이지 마라.

  He tends to **take** everything **personally**, even small jokes.
  그는 작은 농담조차 모두 감정적으로 받아들이는 경향이 있다.

- **make ends meet** 생계를 유지하다, 겨우 먹고살 만큼 벌다

  She took two jobs just to **make ends meet**.
  그녀는 생계를 유지하려고 두 가지 일을 했다.

  It's not easy to **make ends meet** on a small salary.
  적은 월급으로 생계를 유지하기란 쉽지 않다.

낭독 훈련

/ 끊어 읽기   ● 강세 넣기

The first P is personalization / —the belief that we are at fault. / This teaches us that / not everything that happens to us / happens because of us. / Studies show that / getting past personalization / can make us stronger. / College swimmers / who underperform in a race / but believe they can do better, / do. / Not taking failures personally / allows us to recover / and even to thrive.

The second P is pervasiveness / —the belief that an event / will affect all areas of your life. / Child psychologists encouraged me / to get my children back to their routine / as quickly as possible. / So ten days after Dave died, / my kids went back to school / and I went back to work. / That decision / helped me see / other things in my life / that were not awful. / Losing a partner / often has severe negative financial consequences, / especially for women. / So many single parents / struggle to make ends meet / and don't get the time off they need / to care for their families. / I had financial security, / the ability to take the time off, / and a job I loved. / Gradually, / my children started sleeping through the night, / crying less, / and playing more.

첫 번째 'P'는 '개인화', 즉 모든 일이 '내 탓'이라고 믿는 것입니다. 이 개념은 우리가 겪는 모든 일이 우리 때문에 일어난 것은 아니라는 점을 가르쳐 줍니다. 연구 결과들은 우리가 '개인화'를 극복하면 더 강해질 수 있다는 것을 보여 줍니다. 시합에서 부진했지만 스스로 더 잘할 수 있다고 믿었던 대학 수영 선수들은 실제로 더 좋은 성과를 냈습니다. 실패를 개인적인 문제로 받아들이지 않는 태도가 우리를 회복시키고, 더 나아가 성장하게 만드는 것입니다.

두 번째 'P'는 '전면화'입니다. 어떤 한 사건이 내 삶 전체에 영향을 줄 거라고 믿는 것입니다. 아동 심리학자들은 아이들을 가능한 한 빨리 일상으로 복귀시키라고 제게 권유했습니다. 그래서 데이브가 세상을 떠난 지 열흘 만에 아이들은 학교로 돌아갔고, 저는 일터로 복귀했습니다. 그 결정 덕분에 저는 제 삶의 감사한 부분들을 볼 수 있었습니다. 배우자를 잃는 것은 보통 심각한 경제적 어려움을 초래합니다. 특히 여성에게 말이죠. 수많은 한부모 가정이 생계를 유지하기 위해 고군분투하며, 가족을 돌볼 시간적 여유를 충분히 갖지 못합니다. 그런데 다행히 저는 재정적으로 안정되어 있었고, 휴가를 낼 수도 있었으며, 제가 사랑하는 직장도 있었습니다. 아이들은 점점 밤에 잠을 잘 자게 되었고, 적게 울고, 더 많이 놀기 시작했습니다.

SPEECH 4-6 셰릴 샌드버그 UC 버클리 졸업식 축사

The third P is permanence—the belief that sorrow will last forever. This has been the hardest for me so far, because **for so long**, it felt like the **overwhelming grief** would never leave. We often **project our** current **feelings out indefinitely**. We're anxious, and then we're anxious that we're anxious. We are sad and then we are sad that we're sad. Instead, we should **accept our feelings**, but know that they won't **last forever**.

I wish I had known about the three P's when I **was your age**, because there were so many times they would have helped me. The three P's are common emotional reactions to so many things that happen to us—in our careers, in our personal lives, and in our relationships. You're probably feeling one of them right now about something in your life. But if you can recognize you are **falling into** these traps, you can correct them—because just as our bodies have a **physiological immune system**, our brains have a **psychological immune system**. And there are things you can do to help **kick** it **into gear**.

주요 표현 확인

for so long 오랫동안
overwhelming grief 감당하기 힘든 슬픔
project one's feeling out ~의 감정을 투사하다
indefinitely 무기한으로, 기약 없이
accept one's feelings ~의 감정을 받아들이다

be one's age ~의 나이이다, ~와 같은 나이이다
fall into ~에 빠지다
physiological immune system 생리적 면역 체계
psychological immune system 심리적 면역 체계

핵심 패턴 연습

- **last forever** 영원하다, 영원히 지속되다

  Nothing in life **lasts forever**.
  인생에서 영원한 것은 없다.

  I wish this happy moment could **last forever**.
  이 행복한 순간이 영원히 지속되면 좋겠다.

- **kick something into gear** ~을 작동시키다, ~을 본격적으로 시작하다

  I need some coffee to **kick** my brain **into gear**.
  내 머리를 제대로 돌아가게 하려면 커피가 좀 필요하다.

  Let's **kick** this marketing strategy **into gear** before any other competitors jump in.
  다른 경쟁사들이 뛰어들기 전에 이 마케팅 전략을 본격적으로 시작하자.

낭독 훈련

The third P is permanence / —the belief that sorrow / will last forever. / This has been the hardest for me so far, / because for so long, / it felt like the overwhelming grief / would never leave. / We often project our current feelings out / indefinitely. / We're anxious, / and then we're anxious / that we're anxious. / We are sad / and then we are sad / that we're sad. / Instead, / we should accept our feelings, / but know that they won't last forever.

I wish I had known about the three P's / when I was your age, / because there were so many times / they would have helped me. / The three P's / are common emotional reactions / to so many things that happen to us / —in our careers, / in our personal lives, / and in our relationships. / You're probably feeling one of them right now / about something in your life. / But if you can recognize / you are falling into these traps, / you can correct them / —because just as our bodies / have a physiological immune system, / our brains have a psychological immune system. / And there are things you can do / to help kick it into gear.

세 번째 'P'는 '영구화', 즉 슬픔이 영원히 지속될 거라는 믿음을 뜻합니다. 이 '영구화'가 저를 가장 힘들게 했습니다. 왜냐하면 아주 오랫동안, 이 압도적인 슬픔이 절대 사라지지 않을 것처럼 느껴졌기 때문입니다. 우리는 종종 지금 느끼는 이 감정이 끝없이 이어질 것이라고 착각합니다. 그리고 불안을 느끼면 불안해하는 자신 때문에 또다시 불안해하고, 슬픔을 느끼면 슬퍼하는 자신 때문에 또다시 슬퍼합니다. 하지만 우리는 그런 감정을 있는 그대로 받아들이되, 그 감정이 영원히 지속되지는 않을 거라는 사실도 알아야 합니다.

제가 여러분 또래였을 때, 이 세 가지 'P'에 대해 알았더라면 얼마나 좋았을까 싶습니다. 그랬다면 정말 많은 순간 큰 도움이 되었을 겁니다. 사실 이 세 가지 'P'는 직장이나 개인의 삶, 인간관계에서 일어나는 수많은 일에 대해 우리가 흔히 느끼는 감정들입니다. 어쩌면 여러분도 지금 여러분의 삶 속에서 이 세 가지 'P' 중 하나를 경험하고 있을지도 모르겠네요. 하지만 만약 여러분이 이 감정의 덫에 빠져 있다는 사실을 깨닫기만 한다면, 그 상황을 바로잡을 수 있습니다. 왜냐하면 우리의 몸에 생리적 면역 체계가 있듯, 우리의 뇌에도 심리적 면역 체계가 있기 때문입니다. 그리고 우리는 그 심리적 면역 체계가 제대로 작동하도록 도울 수 있는 방법들을 가지고 있습니다.

SPEECH 4-7 셰릴 샌드버그 UC 버클리 졸업식 축사

One day, my friend Adam, a psychologist, suggested that I think about how much worse things could be. "Worse? Are you crazy? How could things be worse?" I said. He looked at me and said, "Dave could have had that same **cardiac arrhythmia driving your children**." The minute he said it, I felt **overwhelming gratitude** that my children were alive, and that gratitude **overtook** some of the grief.

Finding gratitude **is key to** resilience. People who list the things they are grateful for are healthier and happier. My **New Year's resolution** is to **write down** three moments of joy **before bed**. This simple practice has changed my life, because no matter what happens each day, I go to bed thinking of something cheerful. Try it. Try it tonight.

The greatest **irony of my life** is that losing my husband helped me **find deeper gratitude**—for the kindness of my friends, the love of my family, and the laughter of my children. I hope you can find that gratitude, not just on easy days, but on the hard days when you will need it.

주요 표현 확인

cardiac arrhythmia 심장 부정맥
drive someone
~를 운전해서 데려다주다, ~를 태워 주다
overwhelming gratitude
벅찬 감사
overtake ~을 압도하다, ~을 능가하다

New Year's resolution 새해 다짐
write down 적다, 기록하다
before bed 자기 전에
find deeper gratitude
한 차원 더 깊은 감사함을 느끼다

핵심 패턴 연습

- **be key to** ~의 핵심이다, ~에 필수적이다

    Practice **is key to** success.
    연습은 성공의 핵심이다.

    Reading every day **is key to** improving your vocabulary.
    매일 읽는 것은 어휘력을 향상시키는 데 필수적이다.

- **irony of one's life** 인생의 아이러니

    The **irony of my life** is that I feared change, yet change saved me.
    나는 변화를 두려워했지만, 결국 변화가 나를 구했다는 것이 내 인생의 아이러니이다.

    It's the **irony of her life** that she found true happiness only after losing everything.
    모든 것을 잃은 뒤에야 진정한 행복을 찾았다는 것이 그녀 인생의 아이러니이다.

낭독 훈련

One day, / my friend Adam, / a psychologist, / suggested that I think about / how much worse things could be. / "Worse? / Are you crazy? / How could things be worse?" / I said. / He looked at me and said, / "Dave could have had that same cardiac arrhythmia / driving your children." / The minute he said it, / I felt overwhelming gratitude / that my children were alive, / and that gratitude / overtook some of the grief.

Finding gratitude / is key to resilience. / People who list the things they are grateful for / are healthier and happier. / My New Year's resolution / is to write down three moments of joy before bed. / This simple practice / has changed my life, / because no matter what happens each day, / I go to bed thinking of something cheerful. / Try it. / Try it tonight.

The greatest irony of my life / is that losing my husband / helped me find deeper gratitude / —for the kindness of my friends, / the love of my family, / and the laughter of my children. / I hope you can find that gratitude, / not just on easy days, / but on the hard days / when you will need it.

어느 날, 제 친구이자 심리학자인 아담이 저에게 상황이 더 나빠졌을 수도 있음을 생각해 보라고 했습니다. "더 나빠지다니? 제정신이야? 어떻게 지금보다 상황이 더 나빠질 수 있겠어?"라고 저는 말했습니다. 그러자 아담이 저를 바라보며 말했습니다. "데이브가 아이들을 태우고 운전하던 중에 그 심장 부정맥이 발생했을 수도 있어." 그 말을 듣는 순간, 저는 아이들이 살아 있음에 엄청난 감사를 느꼈고, 그 감사함이 슬픔을 덮어 주었습니다.

감사함을 찾는 것이 바로 회복탄력성의 핵심입니다. 감사한 것들을 적어 보는 사람들은 더 건강하고 행복하다고 합니다. 저는 새해 결심으로 잠자리에 들기 전에 그날 느꼈던 기쁜 순간 세 가지를 적고 있습니다. 이 간단한 습관이 제 삶을 바꿔 놓았습니다. 왜냐하면 매일 무슨 일이 일어나든, 저는 뭔가 즐거운 일을 떠올리며 잠자리에 들기 때문입니다. 여러분도 해 보세요. 오늘 밤에 바로 해 보세요.

제 인생의 가장 큰 아이러니는, 남편을 잃은 그 일이 오히려 제게 더 깊은 감사함을 느끼게 해 주었다는 사실입니다. 친구들의 친절함, 가족의 사랑, 그리고 아이들의 웃음에 대한 감사함을요. 저는 여러분도 그런 감사함을 발견하기를 바랍니다. 비단 쉬운 날뿐만 아니라, 여러분에게 그러한 감사함이 꼭 필요할 힘든 날에도 말이에요.

SPEECH 4-8 셰릴 샌드버그 UC 버클리 졸업식 축사

There are so many moments of joy ahead of you. The trip you always wanted to take. A first kiss with someone you really like. **Finding a job** you believe in. Beating Stanford[1]. Go Bears[2]! All of these things will happen to you. Enjoy **each and every** one.

I hope that you live your life—each precious day of it—with joy and meaning. I hope that you walk without pain and **feel grateful for** each step. And when the challenges come, remember that **deep within** you is the ability to learn and grow. You are not born with **a fixed amount of** resilience. It's a muscle. You can build it, and **draw on** it when you need it. And in that process, you might figure out who you really are and become **the very best version of yourself**.

As the saying goes, "We are more **vulnerable** than we ever thought. But we are stronger than we ever imagined." Lift each other up, help each other kick the shit out of option B[3], and celebrate every moment of joy.

---

1 **Stanford** 스탠퍼드. 스탠퍼드 대학은 학문과 스포츠 전반에서 UC 버클리와 라이벌 관계를 맺고 있다.
2 **Bears** 베어스. UC 버클리를 상징하는 동물이 '곰'이다.
3 **Option B** 옵션 B. '차선책'을 뜻하며, 셰릴 샌드버그가 남편을 잃은 뒤 쓴 책의 제목이기도 하다. 이 책은 우리가 원하는 최선의 삶(Option A)을 더 이상 선택할 수 없을 때, 상실과 역경이 있는 차선의 삶(Option B) 속에서도 회복하고 앞으로 나아갈 수 있다는 메시지를 전한다.

주요 표현 확인

find a job 취업하다, 일자리를 구하다
deep within someone 깊은 내면에
a fixed amount of 정해진 양의
draw on ~을 끌어내다, ~을 활용하다
the very best version of oneself 본인의 최상의 모습
as the saying goes 옛말에 그러기를
vulnerable 취약한, 연약한

핵심 패턴 연습

- **each and every** 하나하나 모두

  I thank **each and every** one of you.
  여러분 한 분 한 분 모두에게 감사드립니다.

  I will miss **each and every** day I spent with you.
  당신과 함께 보낸 하루하루가 모두 그리울 것입니다.

- **feel grateful for** ~에 대해 고마움을 느끼다

  He **felt grateful for** the help he got.
  그는 자신이 받은 도움에 대해 감사함을 느꼈다.

  We should **feel grateful for** the little things in life.
  우리는 인생의 작은 것들에도 감사함을 느껴야 한다.

There are so many moments of joy / ahead of you. / The trip you always wanted to take. / A first kiss with someone you really like. / Finding a job you believe in. / Beating Stanford. Go Bears! / All of these things / will happen to you. / Enjoy each and every one.

I hope that you live your life / —each precious day of it / —with joy and meaning. / I hope that you walk without pain / and feel grateful for each step. / And when the challenges come, / remember that deep within you / is the ability to learn and grow. / You are not born / with a fixed amount of resilience. / It's a muscle. / You can build it, / and draw on it / when you need it. / And in that process, / you might figure out who you really are / and become the very best version / of yourself.

As the saying goes, / "We are more vulnerable / than we ever thought. / But we are stronger / than we ever imagined." / Lift each other up, / help each other kick the shit out of option B, / and celebrate every moment of joy.

여러분 앞에는 수많은 기쁨의 순간들이 기다리고 있습니다. 늘 가고 싶어 했던 여행. 정말 좋아하는 사람과의 첫 키스. 여러분이 마음 깊이 믿는 직업을 찾는 일. 스탠퍼드를 이기는 일 등 말이에요. 베어스 파이팅! 이 모든 일들이 여러분에게 일어날 것입니다. 그러니 그런 순간 하나하나를 모두 즐기세요.

저는 여러분이 앞으로 살아갈 소중한 하루하루를 기쁨과 의미로 채워 가길 바랍니다. 여러분이 고통 없이 걸어 나가기를, 그리고 내딛는 그 걸음걸음마다 감사함을 느끼기를 바랍니다. 그리고 시련이 찾아올 때면 기억하세요. 여러분 내면 깊숙한 곳에는 배우고 성장할 수 있는 힘이 있다는 사실을. 회복탄력성이란, 날 때부터 정해진 양을 가지고 태어나는 것이 아닙니다. 회복탄력성은 마치 근육과 같아서, 여러분이 그 힘을 키울 수도 있고, 필요할 때는 그 힘을 꺼내 쓸 수도 있습니다. 그리고 그 과정 속에서 자신이 누구인지 깨닫고, 여러분이 될 수 있는 최고의 모습으로 성장하게 될 것입니다.

이런 말이 있습니다. "우리는 생각보다 훨씬 더 연약하지만, 상상했던 것보다 훨씬 더 강하다." 서로를 격려해 주세요. 함께 힘을 모아 '차선책'을 멋지게 날려 버리세요. 그리고 삶에 찾아오는 모든 기쁨의 순간을 만끽하세요.

연설문 요약

어느 날, 저는 사랑하는 남편을 갑작스레 잃었고, 이로 인해 제 삶은 완전히 무너져 내렸어요. 숨 쉬는 것조차 힘들던 시간 속에서, 저는 '회복탄력성'이라는 단어의 진짜 의미를 배웠죠.

심리학자들은 시련을 이겨 내려면 세 가지 'P'를 기억하라고 해요. 첫째, **모든 일이 내 탓은 아니라는 것**. 둘째, **삶 전체가 무너진 것은 아니라는 것**. 셋째, **지금의 슬픔이 영원하지는 않다는 것**을 말해요.

저는 매일 밤, 감사한 일 세 가지를 적기 시작했어요. 작은 기쁨을 붙잡으려 애쓰다 보니, 다시 숨을 쉴 수 있게 되었죠.

삶은 예고 없이 흔들립니다. 하지만 우리에게는 넘어져도 다시 일어날 수 있는 힘이 있어요. 그 힘은 고통 속에서도 **기쁨을 선택하려는 용기**, 그리고 **서로를 끌어올리는 연대**에서 시작되죠. 당신은 생각보다 훨씬 강해요. 그리고 지금은 아무리 힘들게 느껴져도, 다시 웃을 수 있는 날이 반드시 찾아올 거예요.

One day, I lost my beloved husband without warning, and my entire world fell apart. I could barely breathe. But in that darkness, I learned what resilience truly means.

Psychologists say there are three P's for overcoming hardship: First, **not everything is your fault.** Second, **not everything in life is falling apart.** Third, **your sorrow won't last forever.**

I began writing down three things I was grateful for each night. Holding on to those small joys helped me breathe again.

Life will shake you without warning. But even when we fall, we have the strength to rise. That strength comes from **the courage to choose joy**, and from **the support of people who lift us up**. You are stronger than you think. And no matter how hard things feel now, a day will come when you can smile again.

주제 토론

① 힘든 일이 생길 때, 우리는 종종 "내가 뭘 잘못했나?" 하고 생각합니다. 하지만 셰릴 샌드버그는 이런 생각이 회복을 더 어렵게 만든다고 말해요. 때로는 우리가 잘못하지 않았는데도 일이 잘 풀리지 않기 때문이에요. 여러분은 잘못한 것이 없는데 일이 뜻대로 되지 않았던 경험이 있나요?

Sometimes when something goes wrong, we think, "Did I do something wrong?" But Sheryl Sandberg says that thinking this way can make it harder to feel better again. Because sometimes, things don't go well even when it's not our fault. Have you ever had that kind of experience—when something went wrong, even though it wasn't really your fault?

② 셰릴 샌드버그는 매일 밤, 그날 기뻤던 일 세 가지를 적는 습관이 그녀의 삶을 바꿨다고 말합니다. 여러분은 오늘 하루 동안 기쁘거나 감사했던 순간이 있나요? 왜 그 순간에 기쁨이나 감사함을 느꼈나요?

Sheryl Sandberg said that writing down three joyful moments every night changed her life. Was there a moment today that made you feel happy or thankful? Why did you feel that way?

③ 셰릴 샌드버그는 회복탄력성도 근육처럼 연습하면 더 강해진다고 말했습니다. 여러분도 처음에는 어려웠지만, 꾸준히 연습해서 점점 쉬워진 일이 있나요? 그 일을 잘하게 되었을 때 기분이 어땠나요?

Sheryl Sandberg said that resilience is like a muscle—we can make it stronger by practicing. What's something that used to be hard for you, but got easier after you kept trying? How did you feel when you finally got better at it?

주제 토론 ① 예시 답변

작년에 학교 발표 준비를 정말 열심히 했는데, 발표 당일에 컴퓨터가 갑자기 꺼져서 자료를 보여 주지 못했어요. 선생님도 당황하셨고, 저도 너무 속상했어요. 처음에는 '내가 무언가를 실수했나? 준비를 덜 했나?' 하고 계속 생각했죠. 그런데 나중에 알고 보니 컴퓨터 자체에 문제가 있었고, 제가 잘못한 것이 아니었어요.

그 일을 겪고 나니까, 모든 일이 제 잘못은 아닐 수도 있다는 것을 알게 되었고, 다음부터는 너무 스스로를 탓하지 않기로 마음먹었어요.

SPEECH 5

James Cameron's Speech at TED Conference, 2010

제임스 카메론 TED 강연, 2010

제임스 카메론(James Cameron)은 영화 '타이타닉'과 '아바타'로 유명한 세계적인 영화감독이다.
공상 과학과 심해·우주 탐사에 깊은 관심이 있는 그는 2010년 TED 강연에서 호기심과 상상력의 힘, 그리고 도전 정신의 중요성을 강조했다. 또한 영화와 과학의 경계를 넘나드는 그의 경험을 바탕으로, 한계를 뛰어넘는 상상력과 팀에 대한 존중이 진정한 성공을 이끈다는 메시지를 전하며 큰 영감을 주었다.

SPEECH 5-1 제임스 카메론 TED 강연

I grew up **on a steady diet of science fiction.** I **was** always **absorbed in** a **science fiction** book, which **took my mind to other worlds** and satisfied, **in a narrative form**, this **insatiable sense of curiosity** that I had.

Whenever I wasn't in school, I was out in the woods—hiking and **taking "samples"**: frogs, snakes, bugs, and pond water—and **bringing** them **back** to **look at under the microscope**. I was a real **science geek**. But it **was all about** trying to understand the world—understand the limits of possibility.

And my **love of science fiction** actually seemed to **be mirrored in** the world around me, because in the late '60s, we were going to the moon and exploring the deep oceans. So that seemed to **resonate with** the whole **science fiction** part of it.

🎧 연설 음원

주요 표현 확인

on a steady diet of
~을 꾸준히 접하며

science fiction
공상 과학 소설, 공상 과학의

take one's mind to other worlds ~를 다른 세계로 데려가다

in a narrative form
서술하는 형식으로

insatiable sense of curiosity
채워지지 않는 호기심, 끝없는 호기심

take samples 샘플을 채취하다

bring something back
~을 가지고 돌아오다

look at under the microscope 현미경으로 관찰하다

science geek
과학을 정말 좋아하는 사람

be all about
~이 전부이다, ~이 핵심이다, ~에 푹 빠져 있다

love of ~을 향한 사랑, ~을 향한 기쁨

be mirrored in
~에 반영되다, ~에 그대로 나타나다

핵심 패턴 연습

- **be absorbed in** ~에 몰두하다, ~에 푹 빠지다

    They **were absorbed in** their conversation and didn't notice me.
    그들은 대화에 몰두해서 내가 있다는 것을 알아차리지 못했다.

    I **was** so **absorbed in** the movie that I lost track of time.
    나는 영화에 푹 빠져서 시간 가는 줄 몰랐다.

- **resonate with** ~을 공감하게 하다, ~에게 울림을 주다

    The movie **resonated with** many people around the world.
    그 영화는 전 세계 많은 사람들에게 울림을 주었다.

    His words **resonated with** the audience.
    그의 말은 청중의 마음을 울렸다.

낭독 훈련

/ 끊어 읽기   ● 강세 넣기

I grew **up** on a **stea**dy **diet** / of **sci**ence **fic**tion. / I was **al**ways ab**sorb**ed / in a **sci**ence **fi**ction book, / which **took** my **mind** to other **worlds** / and **sa**tisfied, in a **na**rrative **form**, / this in**sa**tiable sense of curi**o**sity that I **had**.

When**ev**er I **wasn't** in **school**, / I was **out** in the **woods** / —**hi**king and taking "**sam**ples": / **frogs**, / **sna**kes, / **bugs**, / and **pond** water / —and **bring**ing them **back** to **look** at / under the **mi**croscope. / I was a **real sci**ence **geek**. / But it was **all** about / **try**ing to under**stand** the **world** / —under**stand** the **li**mits of possi**bi**lity.

And my **lo**ve of **sci**ence **fic**tion / **ac**tually **seem**ed to be **mir**rored / in the **world** around me, / because in the **la**te '**60s**, / we were **go**ing to the **moon** / and ex**plo**ring the **deep o**ceans. / So **that** seemed to **re**sonate / with the **who**le **sci**ence **fic**tion **part** of it.

저는 어렸을 때부터 공상 과학 소설을 끼고 살았습니다. 늘 공상 과학 책에 빠져 있었지요. 그 책들은 저를 다른 세계로 데려다주었고, 제 끝없는 호기심을 이야기 속에서 충족시켜 주었습니다.

학교에 가지 않을 때면, 저는 늘 숲속에 있었습니다. 하이킹을 하거나, 개구리, 뱀, 곤충, 연못 물 같은 것들을 '채집'해서 집으로 가져와 현미경으로 관찰하고는 했지요. 정말이지 저는 과학 덕후였어요. 하지만 이 모든 것은 이 세상을 이해하고, 가능성의 한계를 탐구하기 위한 것이었습니다.

그리고 제가 사랑하던 공상 과학의 세계는 현실 속에도 반영되고 있는 듯했습니다. 왜냐하면 1960년대 후반에 우리는 달에도 가고, 깊은 바닷속도 탐험하고 있었거든요. 그런 현실의 모습이 제가 좋아하던 공상 과학과도 맞물리는 느낌이었습니다.

SPEECH 5-2 제임스 카메론 TED 강연

I was an artist. I could draw. I could paint. Because there weren't video games and this **saturation of** CG[1] movies and all of this imagery in the **media landscape**, I had to create these images in my head. So **my response to** this was to paint, to draw **alien creatures**, **alien worlds**, robots, spaceships—all that stuff. I was endlessly **getting busted** in math class, **doodling behind the textbook**. The creativity had to find its outlet somehow.

And an interesting thing happened: the Jacques Cousteau[2] shows actually got me very excited about the fact that there was an **alien world** right here on Earth.

So I **decided to** become a scuba diver at the age of 15. The only problem with that was that I lived in a little village in Canada, 600 miles from the nearest ocean. But I didn't let that **daunt** me. I **pestered** my father **until** he finally found a scuba class in Buffalo, New York, right across the border from where we lived. And I actually **got certified** in a pool at a YMCA[3].

---

1. CG   Computer Graphics의 약자로, 컴퓨터를 이용하여 영상 및 이미지를 제작하는 작업을 통칭한다.
2. Jacques Cousteau   자크 쿠스토. 프랑스의 해양 탐험가이자 영화감독으로, 스쿠버 다이빙을 대중화한 인물이다. 전 세계의 바다를 탐험하며 다양한 해양 다큐멘터리 영화를 제작하였다.
3. YMCA   Young Men's Christian Association의 약자이며, '기독교 청년회'로도 불리는 국제 단체이다. 운동 시설 운영, 기술 강습, 인도주의 활동 등 청소년과 지역사회를 위한 다양한 복지 및 개발 프로그램을 제공한다.

주요 표현 확인

saturation of ~의 포화
media landscape 미디어 환경
one's response to ~에 대한 …의 반응
alien creature 외계 생물체
alien world 외계 세계

doodle behind the textbook 교과서 뒤에 숨어서 낙서하다
decide to ~하려고 결심하다
daunt 겁먹게 하다, 기죽게 하다
get certified 자격증을 따다, 인증을 받다

핵심 패턴 연습

- **get busted** 걸리다, 적발되다

  He **got busted** cheating on the test.
  그는 시험에서 부정 행위를 하다가 걸렸다.

  We **got busted** using our phones in class.
  우리는 수업 시간에 휴대폰을 쓰다가 걸렸다.

- **pester someone until** ~할 때까지 …를 계속 조르다

  He **pestered** his mom **until** he got a brand-new phone.
  그는 새로운 최신 휴대폰을 얻을 때까지 엄마를 계속 졸랐다.

  My sister **pestered** me **until** I gave her what she wanted.
  여동생이 갖고 싶은 것을 달라고 나를 계속 졸랐다.

낭독 훈련

/ 끊어 읽기   ● 강세 넣기

I was an **ar**tist. / I could **draw**. / I could **paint**. / Because there **weren't vi**deo games / and this satu**ra**tion of C**G mo**vies / and **all** of this i**ma**gery / in the **me**dia **land**scape, / I had to cre**a**te these **i**mages / in my **head**. / So my res**pon**se to this was to **paint**, / to draw **a**lien **crea**tures, / **a**lien **worlds**, / **ro**bots, / **spa**ceships / —**all** that **stuff**. / I was **end**lessly getting **bust**ed / in **math** class, / **doo**dling behind the **text**book. / The crea**ti**vity / had to **find** its **out**let **so**mehow.

And an **in**teresting thing **hap**pened: / the **Jac**ques **Cou**steau **shows** / **ac**tually got me **very** ex**ci**ted / about the **fact** that there was an **a**lien **world** / right **he**re on **Earth**.

So I de**ci**ded to become a **scu**ba **di**ver / at the **age** of **15**. / The **o**nly **pro**blem with that / was that I **li**ved in a **li**ttle **vil**lage in **Ca**nada, / **600** miles from the **nea**rest **o**cean. / But I **didn't** let that **daunt** me. / I **pes**tered my **fa**ther / until he **fi**nally found a **scu**ba class / in Buffalo, New **York**, / **right** across the **bord**er / from **whe**re we **li**ved. / And I **ac**tually got **cer**tified in a **pool** / at a **YMCA**.

저는 예술가였습니다. 그림을 그릴 줄 알았고, 색도 곧잘 칠했지요. 그 당시에는 지금처럼 비디오 게임이나 CG 영화, 다양한 미디어 영상물이 넘쳐나지 않았기 때문에, 이런 이미지들을 제 머릿속에서 직접 만들어야 했습니다. 그래서 저는 외계 생물체, 외계 행성, 로봇, 우주선 등 온갖 것을 그렸습니다. 수학 시간에 교과서 뒤에 몰래 낙서를 하다가 수도 없이 걸리고는 했죠. 어떻게든 제 창의성이 표출될 출구를 찾아야 했던 것입니다.

그러다 흥미로운 일이 일어났습니다. 자크 쿠스토의 다큐멘터리가 제 마음을 사로잡은 겁니다. 그 다큐멘터리는 제가 이 지구에도 외계와 같은 신비한 장소가 있다는 사실을 깨닫게 했습니다.

그래서 저는 열다섯 살에 스쿠버 다이버가 되기로 결심했어요. 유일한 문제는, 제가 살던 곳이 캐나다의 작은 마을이었고, 가장 가까운 바다까지 600마일이나 떨어져 있다는 점이었습니다. 하지만 저는 그런 상황에 굴하지 않았습니다. 계속해서 아버지를 졸랐어요. 결국 저희 집에서 국경을 넘으면 바로 나오는 뉴욕 버팔로의 스쿠버 수업을 아버지께서 찾아 주실 때까지 말이에요. 그리고 실제로 YMCA 수영장에서 스쿠버 자격증을 땄습니다.

SPEECH 5-3 제임스 카메론 TED 강연

Since then, **in the intervening 40 years**, I've spent about 3,000 hours **underwater**, and 500 of those hours were in **submersibles**. And I've learned that the deep-ocean environment, and even the shallow oceans, **are** so **rich with** amazing life that really is **beyond our imagination**.

Nature's imagination is so boundless **compared to** our own **meager human imagination**. I still, **to this day**, **stand in absolute awe of** what I see when I **make** these **dives**. And **my love affair with** the ocean is ongoing, just as strong as it ever was.

But when I chose a career as an adult, it was filmmaking. That seemed to be the best way to **reconcile** this urge I had to tell stories with **my urge to** create images. As a kid, I was constantly drawing comic books and so on. So filmmaking was the way to put pictures and stories together, and that **made sense**.

주요 표현 확인

in the intervening 40 years 그 사이의 40년 동안

underwater 물속에서

submersible 잠수정

beyond one's imagination ~의 상상을 초월한

compared to ~과 비교하면

meager human imagination 보잘것없는 인간의 상상력

to this day 지금까지도, 여전히

stand in absolute awe of ~에 대한 경외심을 갖다

make dives 잠수를 하다

one's love affair with ~에 대한 …의 사랑

reconcile 조화롭게 만들다, 화해시키다

one's urge to ~하고 싶은 …의 강한 욕구

핵심 패턴 연습

- **be rich with** ~으로 풍부하다, ~으로 가득하다

  The island **is rich with** rare animals and plants.
  그 섬은 희귀한 동물과 식물들로 가득하다.

  The museum **is rich with** history.
  그 박물관은 역사가 풍부하다.

- **make sense** 이해가 되다, 말이 되다, 타당하다

  Your explanation finally **makes sense** to me.
  내 설명이 드디어 이해가 된다.

  It **makes sense** to save money for emergencies.
  비상시에 쓰기 위해 돈을 모아 두는 것은 합리적이다.

Since then, / in the intervening 40 years, / I've spent about 3,000 hours underwater, / and 500 of those hours / were in submersibles. / And I've learned that / the deep-ocean environment, / and even the shallow oceans, / are so rich with amazing life / that really is beyond our imagination.

Nature's imagination is so boundless / compared to our own meager human imagination. / I still, / to this day, / stand in absolute awe of what I see / when I make these dives. / And my love affair with the ocean / is ongoing, / just as strong as it ever was.

But when I chose a career as an adult, / it was filmmaking. / That seemed to be the best way to reconcile / this urge I had to tell stories / with my urge to create images. / As a kid, / I was constantly / drawing comic books and so on. / So filmmaking was the way / to put pictures and stories together, / and that made sense.

그 후 40년 동안 저는 약 3,000시간을 바닷속에서 보냈고, 그중 500시간은 잠수정을 타고 다녔습니다. 그 과정에서 제가 깨달은 것은, 심해 환경뿐만 아니라 얕은 바다조차도 우리의 상상을 훌쩍 뛰어넘는 놀라운 생명들로 가득 차 있다는 사실이었습니다.

자연의 상상력은 우리 인간의 보잘것없는 상상력에 비해 끝없이 넓습니다. 저는 지금도 바다에 들어갈 때마다, 눈앞에 펼쳐지는 광경에 경외심을 느낍니다. 그리고 바다에 대한 저의 사랑은 지금도 여전히 계속되고 있으며, 그 어느 때보다 강렬합니다.

하지만 성인이 되어 제가 선택한 직업은 영화 제작이었습니다. 이야기를 전하고 싶다는 욕구와 이미지를 만들고 싶다는 욕구, 이 두 가지를 모두 만족시킬 수 있는 최선의 길이 영화라고 생각했어요. 어린 시절, 저는 끊임없이 만화를 그리곤 했습니다. 즉, 저에게 있어 영화 제작은 그림과 이야기를 하나로 결합하는, 그럴싸한 방법이었던 겁니다.

SPEECH 5-4 제임스 카메론 TED 강연

Of course, the stories that I chose to tell were science fiction stories: "Terminator," "Aliens" and "The Abyss."[1] **Something interesting came out of** "The Abyss." To create this kind of liquid water creature, we actually embraced computer-generated animation—CG. And this **resulted in** the first soft-surface character CG animation that was ever used in a movie.

Even though the film didn't **make** any **money**—barely **broke even**, I should say—I **witnessed something amazing**, which is that the global audience **was mesmerized by** this apparent magic.

So that got me very excited. I thought, "Wow, this is something that needs to **be embraced into** the **cinematic art**." So with "Terminator 2," which was my next film, we created the liquid metal dude in that film. And we **created magic** again.

---

[1] The Abyss '어비스(심연)'. 1989년에 개봉한 공상 과학 영화로, 제임스 카메론 감독이 연출했다. 침몰한 잠수함을 수색하던 사람들이 심해에서 외계 생명체를 만나면서 벌어지는 사건을 다룬다.

주요 표현 확인

something interesting came out of ~에서 흥미로운 일이 생기다

result in ~의 결과를 낳다

make money 수익을 내다, 돈을 벌다

witness something amazing 놀라운 것을 목격하다

be embraced into ~으로 받아들여지다

cinematic art 영화 예술

create magic 마법을 만들다

핵심 패턴 연습

- **break even** 손익 분기점에 도달하다

    We need at least 100 customers a day to **break even**.
    하루에 고객이 최소 100명은 와야 손익 분기점에 도달한다.

    Our business didn't make a profit, but we **broke even**.
    우리 사업이 이익을 내지는 못했지만 손익 분기점에는 도달했다.

- **be mesmerized by** ~에 매료되다

    He **was mesmerized by** her smile.
    그는 그녀의 미소에 매료되었다.

    I **was mesmerized by** the sunset over the ocean.
    나는 바다 위로 지는 노을의 모습에 매료되었다.

낭독 훈련

/ 끊어 읽기   ● 강세 넣기

Of **course**, / the **sto**ries that I **cho**se to **tell** / were science **fic**tion **sto**ries: / "**Ter**minator," / "**A**liens" / and "The A**byss**." / **So**mething **in**teresting / came **out** of "The A**byss**." / To cre**a**te this kind of **li**quid **wa**ter **cre**ature, / we **ac**tually em**bra**ced / com**pu**ter-**ge**nerated ani**ma**tion—C**G**. / And **this** re**sult**ed in / the **first soft**-surface **cha**racter CG ani**ma**tion / that was **e**ver used in a **mo**vie.

Even though the **film** / **didn't** make any **mo**ney / —**ba**rely broke **e**ven, I should **say** / —I **wit**nessed something a**ma**zing, / which is that the **glo**bal **au**dience was **mes**merized / by this ap**pa**rent **ma**gic.

So **that** got me **ve**ry ex**ci**ted. / I thought, / "Wow, / **this** is something that **needs** to be em**bra**ced / into the cine**ma**tic **art**." / So with "**Ter**minator **2**," / which was my **next film**, / we cre**a**ted the **li**quid **me**tal dude / in **that film**. / And we cre**a**ted **ma**gic a**gain**.

당연히, 제가 선보인 이야기는 모두 공상 과학 이야기였습니다. '터미네이터', '에이리언 2', '어비스' 같은 작품들이었죠. 특히 '어비스'는 흥미로운 결과를 낳았습니다. 물로 이루어진 생명체를 표현하기 위해, 우리는 컴퓨터 기술로 제작한 애니메이션, 즉 CG를 사용했죠. 그 결과, 영화 사상 최초로 부드러운 표면을 가진 캐릭터 CG 애니메이션이 탄생하게 되었습니다.

비록 영화는 흥행에 성공하지 못했지만—간신히 손익 분기점에 도달했다, 라고 말하는 게 맞겠죠—전 세계 관객들이 마법과도 같은 이 영화의 기술에 매료되는 놀라운 장면을 목격했습니다.

저는 매우 흥분했습니다. 그리고 "와, 이건 영화 예술에 꼭 도입돼야 할 기술이야."라는 생각이 들었죠. 그래서 다음 작품인 '터미네이터 2'에서, 우리는 액체 금속형 인간을 만들어 냈습니다. 그리고 우리는 다시 한번 마법을 만들었죠.

SPEECH 5-5 제임스 카메론 TED 강연

Drawing a line through those **two dots of experience led to** the realization: "This is going to be **a whole new world of** creativity for film artists." So, I **started a company** called Digital Domain[1]. The concept of the company was that we would leapfrog past the analog processes and **go straight to** digital production. And we actually did that—and it gave us a **competitive advantage for a while**.

But we found ourselves **lagging** in the mid-'90s in the creature and character design stuff that we had actually founded the company to do. I wrote this piece called "Avatar," which **was meant to** absolutely **push the envelope of** visual effects—of CG effects—with realistic, **human emotive characters** generated in CG, and the main characters would all be in CG, and the world would be in CG. But the envelope **pushed back**, and I was told by **the folks at my company** that we weren't going to be able to do this **for a while**. So, I **shelved** it, and I made this other movie about a big ship that sinks.

---

1 Digital Domain   디지털 도메인. 제임스 카메론 감독이 공동 설립한 시각 효과 전문 회사로, 영화 '타이타닉' 등의 CG 제작을 담당했다.

주요 표현 확인

draw a line through two dots of experience 경험의 두 점을 연결하다

lead to ~으로 이어지다, ~을 초래하다

a whole new world of 완전히 새로운 ~의 세계

start a company 회사를 설립하다

go straight to ~로 바로 가다

for a while 잠시 동안

lag 뒤처지다, 뒤떨어지다

be meant to ~하기로 되어 있다

human emotive character 사람처럼 감정을 표현하는 캐릭터

push back 저항하다, 거부하다

the folks at one's company ~의 회사 관계자들

shelve (계획 등을) 보류하다

핵심 패턴 연습

- **competitive advantage** 경쟁 우위, 강점

  The company gained a **competitive advantage** through innovation.
  그 회사는 혁신을 통해 경쟁 우위를 확보했다.

  The customer service is their biggest **competitive advantage**.
  고객 서비스는 그들의 가장 큰 강점이다.

- **push the envelope of** ~의 한계를 넘어서다, ~의 한계에 도전하다

  The game **pushes the envelope of** what's possible in virtual reality.
  이 게임은 가상 현실에서 가능한 것의 한계를 넘어선다.

  The company **is pushing the envelope of** AI innovation.
  그 회사는 인공 지능 혁신의 한계에 도전하고 있다.

낭독 훈련

/ 끊어 읽기　● 강세 넣기

Drawing a line / through those two dots of experience / led to the realization: / "This is going to be a whole new world of creativity / for film artists." / So, / I started a company called / Digital Domain. / The concept of the company was that / we would leapfrog past the analog processes / and go straight to digital production. / And we actually did that / —and it gave us a competitive advantage / for a while.

But we found ourselves lagging / in the mid-'90s / in the creature and character design stuff / that we had actually founded the company to do. / I wrote this piece called "Avatar," / which was meant to / absolutely push the envelope of visual effects / —of CG effects / —with realistic, human emotive characters / generated in CG, / and the main characters / would all be in CG, / and the world would be in CG. / But the envelope pushed back, / and I was told by the folks at my company / that we weren't going to be able to do this / for a while. / So, / I shelved it, / and I made this other movie / about a big ship that sinks.

이 두 가지 경험을 하나의 선으로 연결해 보니, 저는 이런 깨달음에 도달하게 됐습니다. "영화 예술가들에게 완전히 새로운 창작의 세계가 열릴 것이다." 그래서 저는 '디지털 도메인'이라는 회사를 설립했습니다. 이 회사의 개념은 아날로그 과정을 건너뛰고 디지털 기반의 제작을 처음부터 바로 적용하자는 것이었죠. 그리고 우리는 실제로 그렇게 했고, 그 덕분에 한동안 업계에서 경쟁 우위를 점할 수 있었습니다.

하지만 90년대 중반이 되자, 우리가 원래 이 회사를 설립한 목적이었던 생명체와 캐릭터 디자인 분야에서 뒤처지고 있다는 사실을 깨닫게 됐습니다. 그 무렵, 저는 '아바타'라는 작품의 초안을 쓰게 되었습니다. 그 목적은 단 하나였습니다. 바로 CG 효과의 한계를 완전히 뛰어넘는 것이었죠. 사실적이고, 인간처럼 감정을 표현할 수 있는 캐릭터들을 CG로 만들고, 주요 캐릭터도 모두 CG로 구현하며, 그들이 살아가는 세계 역시 전부 CG로 구현할 생각이었습니다. 하지만 현실적인 한계에 부딪혔고, 회사 사람들은 우리가 당분간 이 일을 할 수 없을 거라고 말했습니다. 그래서 저는 이 계획을 잠시 미뤄 두고, 거대한 배가 침몰하는 다른 영화를 만들었습니다.

SPEECH 5-6 제임스 카메론 TED 강연

I **pitched** that movie to the studio as "Romeo and Juliet on a ship: it's going to be this **epic romance**, passionate film." Secretly, what I wanted to do was to dive to **the real wreck** of "Titanic." That's why I made the movie.

Six months later, I find myself in a Russian submersible, looking at the real Titanic. That **blew my mind**. And I thought, "Wow. I'm like living in a **science fiction movie**. This is really cool."

I really **got bitten by the bug of** deep-ocean exploration. Of course, the curiosity was everything. It was adventure, curiosity, imagination, and an experience that Hollywood couldn't give me. I **was completely smitten by** this and had to do more. So, I made a decision. After **the success of** "Titanic," I said, "OK, I'm going to **park my day job as** a Hollywood movie maker, and I'm going to be a **full-time explorer** for a while."

주요 표현 확인

epic romance 대서사적 로맨스 이야기
the real wreck 실제 난파선 잔해
blow one's mind
~을 깜짝 놀라게 하다
science fiction movie
공상 과학(SF) 영화

get bitten by the bug of
~에 푹 빠지다, ~에 열중하게 되다
the success of ~의 성공
park one's day job as
~로서의 본업을 잠시 멈추다
full-time explorer 전업 탐험가

핵심 패턴 연습

- **pitch something** (생각을) 강하게 어필하다

    I'm going to **pitch** my idea to the investors.
    투자자들에게 내 아이디어를 강하게 어필할 예정이다.

    Influencers are good at **pitching** products in a convincing way.
    인플루언서들은 제품 홍보를 설득력 있게 잘한다.

- **be completely smitten by** ~에 푹 빠지다

    She **was completely smitten by** the music he played.
    그녀는 그가 연주한 음악에 푹 빠졌다.

    I **was completely smitten by** the story in the book.
    나는 그 책 속 이야기에 푹 빠졌다.

낭독 훈련

I pitched that movie to the studio / as "Romeo and Juliet on a ship: / it's going to be this epic romance, / passionate film." / Secretly, / what I wanted to do / was to dive to the real wreck of "Titanic." / That's why I made the movie.

Six months later, / I find myself in a Russian submersible, / looking at the real Titanic. / That blew my mind. / And I thought, / "Wow. / I'm like living in a science fiction movie. / This is really cool."

I really got bitten / by the bug of deep-ocean exploration. / Of course, / the curiosity was everything. / It was adventure, / curiosity, / imagination, / and an experience / that Hollywood couldn't give me. / I was completely smitten by this and / had to do more. / So, / I made a decision. / After the success of "Titanic," / I said, / "OK, / I'm going to park my day job / as a Hollywood movie maker, / and I'm going to be a full-time explorer / for a while."

저는 스튜디오에 가서 그 영화를 이렇게 소개했어요. "선상에서 벌어지는 로미오와 줄리엣의 이야기예요. 아주 장대하고 격정적인 로맨스 영화가 될 겁니다." 그런데 사실, 난파선 '타이타닉'을 탐사하고 싶었던 게 제 속마음이었어요. 그래서 그 영화를 만든 거였죠.

그리고 6개월 뒤, 저는 러시아 잠수정을 타고 내려가 실제 타이타닉을 보게 됐습니다. 그 경험은 제게 엄청난 충격을 줬어요. 그리고 "와, 나 지금 공상 과학 영화 속에 들어와 있는 것 같아. 진짜 끝내준다."라고 느꼈죠.

정말이지 저는 심해 탐사의 매력에 푹 빠져들게 되었습니다. 물론, 이 모든 것은 호기심 때문이었죠. 심해 탐사는 모험과 호기심, 상상력이자, 할리우드가 제게 줄 수 없는 경험이었습니다. 저는 완전히 매료되었고, 더 많이 보고 싶고, 더 깊이 알아 가고 싶다는 마음이 들었습니다. 그래서 큰 결심을 했습니다. '타이타닉'의 성공 이후, 이렇게 말했죠. "좋아, 할리우드 영화감독이라는 본업은 잠시 접어 두고, 한동안 전업 탐험가로 살아야겠다."

제임스 카메론 TED 강연

So, I went back to the Titanic wreck to do an **interior survey** of that ship, flying a little **robotic vehicle** through the **corridor** of the ship. I felt like I **was physically present** inside the shipwreck. It was an absolutely **remarkable experience**.

At the same time, I was bringing scientists with us into the deep, and we were making documentary films. We don't make money on those shows. We barely break even. There is no **fame** in it. I made all these documentary films, for **a very limited audience**. No **fame**, no glory, no money. What are you doing? You're doing it **for the task itself**, for the challenge—for **the thrill of** discovery and for that strange bond that happens when a small group of people **forms a tightly knit team**.

And in that bond, you realize that the most important thing is the respect that you have for them, and the respect they have for you—that you've **done a task** that you can't explain to someone else. It **creates a bond**, **a bond** of respect.

주요 표현 확인

interior survey 내부 조사
robotic vehicle 무인 기기
corridor 복도
be physically present 실제 그 공간에 있다
remarkable experience 환상적인 경험
fame 명성

a very limited audience 매우 제한된 관객
for the task itself 그 일 자체를 위해
form a tightly knit team 끈끈한 팀을 만들다
do a task 과제를 하다, 일을 수행하다

핵심 패턴 연습

- **the thrill of** ~의 짜릿함, ~에서 오는 전율

    She loved **the thrill of** skydiving.
    그녀는 스카이다이빙의 짜릿함을 정말 좋아했다.

    Nothing compares to **the thrill of** eating good food.
    맛있는 음식을 먹는 즐거움과 비견될 만한 것은 없다.

- **create a bond** 유대감을 형성하다, 신뢰 관계를 만들다

    Spending time together helps **create a bond** between parents and children.
    함께 시간을 보내는 것은 부모와 자식 간의 유대감을 형성하는 데 도움이 된다.

    They **created a** strong **bond** through years of working together.
    그들은 수년간 함께 일하며 강한 유대감을 쌓았다.

낭독 훈련

/ 끊어 읽기   ● 강세 넣기

So, / I went back to the Titanic wreck / to do an interior survey of that ship, / flying a little robotic vehicle / through the corridor of the ship. / I felt like I was physically present / inside the shipwreck. / It was an absolutely remarkable experience.

At the same time, / I was bringing scientists with us / into the deep, / and we were making documentary films. / We don't make money / on those shows. / We barely break even. / There is no fame in it. / I made all these documentary films, / for a very limited audience. / No fame, / no glory, / no money. / What are you doing? / You're doing it for the task itself, / for the challenge / —for the thrill of discovery / and for that strange bond that happens / when a small group of people / forms a tightly knit team.

And in that bond, / you realize that the most important thing / is the respect that you have for them, / and the respect they have for you / —that you've done a task / that you can't explain to someone else. / It creates a bond, / a bond of respect.

그래서 저는 다시 난파된 타이타닉으로 돌아가 그 배의 내부를 조사했습니다. 작은 로봇을 조종해 선실 복도를 탐색했죠. 제가 실제로 난파선 안에 들어가 있는 듯한 느낌이었습니다. 정말 놀라운 경험이었죠.

그리고 저는 과학자들을 심해로 데려가, 함께 다큐멘터리 영화도 만들었습니다. 사실 이런 다큐멘터리 영화들은 돈을 벌지 못합니다. 겨우 손익 분기점이나 맞추는 정도이죠. 그 일을 한다고 명성을 얻는 것도 아닙니다. 저는 아주 소수의 제한된 관객들을 위해 그런 다큐멘터리 영화를 만들었습니다. 명예도 없고, 영광도 없고, 돈도 못 법니다. 그럼 대체 왜 그런 일을 하냐고요? 그 일 자체를 위해서입니다. 도전이 주는 긴장감, 그리고 무언가를 발견하는 짜릿함, 그 자체를 위해서입니다. 그리고 소수의 사람들이 하나의 끈끈한 팀으로 묶일 때 생기는 그 설명하기 어려운 특별한 유대감을 위해서입니다.

그리고 그런 유대감 속에서 깨닫게 됩니다. 가장 중요한 것은, 그들을 향한 나의 존중, 그리고 나를 향한 그들의 존중이라는 것을요. 우리는 다른 사람에게는 설명하기조차 힘든 일을 함께 해냈습니다. 그리고 그것이 유대감, 즉 존중이라는 유대감을 만들어 냅니다.

SPEECH 5-8 제임스 카메론 TED 강연

So when I came back to make my next movie, which was "Avatar," I tried to **apply that same principle of** leadership, which is that you respect your team, and you earn their respect **in return**. It really **changed the dynamic**. We became a family over a four-and-a-half-year period. And it completely changed how I do movies.

What are the **lessons learned** today? Well, I think number one is curiosity. It's the most powerful thing you own. Imagination is a force that can actually **manifest a reality**, and the respect of your team is more important than all the **laurels** in the world.

Young filmmakers come up to me and say, "**Give** me **some advice for** doing this." And I say, "Don't **put limitations on yourself**. Don't **bet against yourself**, and **take risks**." You have to be willing to **take** those **risks**. Whatever you're doing, failure is an option, but fear is not.

주요 표현 확인

apply that same principle of 같은 원칙을 적용하다

in return 보답으로, 반응으로

change the dynamic 분위기를 바꾸다, 관계의 양상을 바꾸다

lessons learned 배운 교훈

manifest a reality 현실을 구현하다, 현실을 나타내다

laurel 명예, 영예

give someone some advice for ~에게 …에 대한 조언을 주다

bet against yourself 스스로를 의심하다, 자신을 믿지 않다

핵심 패턴 연습

- **put limitations on oneself** 스스로의 한계를 정해 놓다

    I used to **put limitations on myself** because I was afraid to fail.
    나는 실패가 두려워서 스스로 한계를 정해 놓곤 했다.

    Stop **putting limitations on yourself** just because others doubt you.
    남들이 의심한다고 해서 스스로의 한계를 정해 놓지는 마세요.

- **take risks** 위험을 감수하다, 과감하게 도전하다

    Success comes to those who **take risks**.
    성공은 위험을 감수하는 사람에게 찾아온다.

    Taking risks doesn't mean being reckless.
    위험을 감수한다는 것이 곧 무모하다는 뜻은 아니다.

낭독 훈련

/ 끊어읽기   ● 강세 넣기

So when I came **back** to make my **next** **mo**vie, / which was "**A**vatar," / I **tri**ed to ap**ply** that **sa**me **prin**ciple of **lea**dership, / which is that you res**pect** your **team**, / and you **earn** their res**pect** in re**turn**. / It **real**ly **chan**ged the dy**na**mic. / We be**ca**me a **fa**mily / over a **four**-and-a-**half**-year **pe**riod. / And it com**ple**tely **chan**ged / **how** I do **mo**vies.

What are the **les**sons **learn**ed today? / Well, I **think** number **one** / is curi**o**sity. / It's the **most** **po**werful thing you **own**. / Imagi**na**tion is a **for**ce / that can **ac**tually **ma**nifest a re**a**lity, / and the res**pect** of your **team** is more im**por**tant / than **all** the **la**urels in the **world**.

Young **film**makers / come **up** to me and **say**, / "**Gi**ve me some ad**vi**ce for **do**ing this." / And I **say**, / "**Don't** put limi**ta**tions on your**self**. / **Don't** bet a**gainst** your**self**, / and take **risks**." / You **ha**ve to be **will**ing / to **tak**e those **risks**. / What**e**ver you're **do**ing, / **fai**lure is an **op**tion, / but **fear** is **not**.

그래서 저는 그다음 영화인 '아바타'를 만들기 위해 돌아왔을 때, 그동안 배운 리더십의 원칙을 똑같이 적용하려고 노력했습니다. 그 원칙이란 바로 팀을 존중하고, 그에 따라 팀원들 역시 저를 존중하는 것이었죠. 그러자 팀의 분위기가 완전히 달라졌습니다. 우리는 4년 반이라는 시간 동안 하나의 가족이 되었습니다. 그리고 이것은 제가 영화를 만드는 방식 자체를 완전히 바꾸어 놓았습니다.

오늘 여러분이 배운 교훈은 무엇인가요? 자, 첫 번째는 바로 '호기심'입니다. 호기심은 여러분이 가진 가장 강력한 힘입니다. 상상력은 실제로 현실을 구현해 낼 수 있는 힘입니다. 그리고 팀의 존중을 얻는 것이 세상의 모든 영예를 얻는 것보다도 더 중요하다는 것입니다.

젊은 영화 감독들이 저에게 다가와 이렇게 말하곤 합니다. "이 길을 가기 위한 조언을 좀 해 주세요." 그러면 저는 이렇게 말합니다. "스스로에게 한계를 두지 마세요. 스스로를 의심하지 마세요. 그리고 과감히 도전하세요." 여러분은 기꺼이 위험을 감수해야 합니다. 여러분이 무엇을 하든, 실패는 선택지가 될 수 있지만, 두려움은 선택지가 될 수 없습니다.

연설문 요약

저는 어릴 때부터 공상 과학 소설을 좋아했어요. 숲속을 탐험하며 개구리와 벌레를 관찰하고, 외계 생물과 우주선을 상상하며 그림을 그리곤 했죠. 열다섯 살에는 스쿠버 다이빙 자격증도 땄어요. 바닷속 세계는 마치 진짜 외계 세상처럼 놀라웠어요.

어른이 되어 저는 영화감독이 되었어요. 왜냐하면 영화는 **제가 떠올린 이야기와 상상 속 이미지를 함께 보여 줄 수 있는 최고의 방법**이었기 때문이에요. '터미네이터', '아바타' 같은 영화는 새로운 기술을 통해 저의 그런 아이디어들을 실현시킬 수 있도록 도와주었어요. 그러다 저는 바닷속 탐험에 더 깊이 빠져들었고, 과학자들과 함께 새로운 생물들을 발견하며 **도전과 팀워크**의 가치를 배웠어요. 명예나 돈보다 중요한 것은 **호기심, 상상력, 그리고 서로에 대한 존중**이에요.

여러분에게 말하고 싶어요. **호기심은 가장 큰 힘이에요.** 상상한 것을 현실로 만들 수 있어요. 두려워하지 말고 도전하세요. 실패는 괜찮아요. 하지만 **두려움 때문에 멈춰 서는 건 안 돼요.**

As a kid, I loved science fiction. I explored forests, studied frogs and bugs, and drew aliens and spaceships. At 15, I got a scuba license. The ocean felt like a real alien world.

As an adult, I became a filmmaker—because film was the **best way to show both the stories in my mind and the images in my imagination**. Movies like "Terminator" and "Avatar" helped me bring those ideas to life with new technology. Later, I focused more on deep-sea exploration. I worked with scientists, discovered new creatures, and learned the true value of **challenge and teamwork**. What matters most isn't fame or money. It's **curiosity, imagination, and respect**.

Here's what I want to tell you: **Curiosity is your greatest power.** Your imagination can become real. Don't be afraid to take risks. It's okay to fail. But **don't let fear stop you.**

주제 토론

1 제임스 카메론은 어릴 때 읽은 공상 과학 소설과 자연을 관찰한 경험이 "왜 그럴까?" 하는 호기심을 불러일으켰고, 그 호기심이 나중에 영화감독이 되는 데 영향을 주었다고 말합니다. 여러분은 영화나 책을 보고 "이거 재밌다! 더 알아보고 싶어!" 하고 생각한 적 있나요? 어떤 것이었나요?

James Cameron said that, as a child, science fiction stories and observing nature made him wonder, "Why?" That curiosity later influenced his decision to become a film director. Have you ever watched a movie or read a book that made you think, "This is interesting! I want to learn more about it"? What was it?

2 제임스 카메론 감독의 영화 중 가장 기억에 남는 작품은 무엇인가요? 그 영화의 어떤 장면이나 이야기가 특히 인상 깊었나요? 그 이유는요?

Which James Cameron movie was the most memorable for you? What scene or part stood out to you, and why?

3 제임스 카메론은 서로 존중하고 친절하게 대하는 팀과 함께 일할 때 기쁘고 뿌듯했다고 합니다. 여러분도 친구나 가족과 함께 무언가를 해 본 적이 있나요? 서로 어떻게 도왔고, 어떤 점이 좋았나요?

James Cameron said working with a kind and respectful team made him feel happy and proud. Have you ever worked on something with friends or family? How did you help each other? What did you enjoy about it?

주제 토론 ❶ 예시 답변

저는 어릴 때 영화 '쥬라기 공원'을 보고 공룡이 엄청 궁금해졌어요. "진짜 저런 공룡이 살았을까?", "공룡은 왜 멸종됐을까?" 하고 생각했죠.

그래서 도서관에서 공룡과 관련된 책들도 빌려 보고, 다큐멘터리와 영화도 찾아봤어요. 그때부터 과학이 재미있게 느껴졌고, 나중에 고생물학자나 과학자가 되고 싶다는 생각도 했어요.

SPEECH

6

Jeff Bezos' Speech at Princeton University, 2010

제프 베이조스 프린스턴 대학교 졸업식 축사, 2010

제프 베이조스(Jeff Bezos)는 전자상거래 기업인 아마존(Amazon)의 창립자이자 세계적인 기업가이다.

2010년 프린스턴 대학교 졸업식 연설에서 그는 어린 시절의 경험과 창업 초기의 고민을 바탕으로, "재능은 주어지는 것이지만, 친절함은 선택하는 것"이라는 메시지를 전했다. 삶을 결정짓는 것은 타고난 능력이 아니라 순간순간의 선택이며, 열정을 따라 용기 있게 도전하고 더 나은 선택을 통해 의미 있는 삶을 만들어 가라고 강조했다.

SPEECH 6-1 제프 베이조스 프린스턴 대학교 졸업식 축사

As a kid, I spent my summers with my grandparents on their ranch in Texas. I helped fix windmills, **vaccinate** cattle, and **do** other **chores**. We also **watched soap operas** every afternoon, especially "Days of Our Lives."

My grandparents **belonged to** a caravan club, a group of Airstream trailer[1] owners who traveled together around the US and Canada. And **every few summers**, we'd join the caravan. We'd **hitch up** the Airstream to my grandfather's car and **off we'd go**—**in line with** 300 other Airstream adventurers. I loved and **worshipped** my grandparents. And I really **looked forward to** these trips.

On one particular trip—I was about 10 years old—I was **rolling around in** the big bench seat **in the back of the car**. My grandfather was driving, and my grandmother **had the passenger seat**. She smoked **throughout** these trips, and I hated the smell.

---

1 Airstream trailer 에어스트림 트레일러. 에어스트림은 둥글고 반짝이는 알루미늄 외관으로 유명한 미국의 대표적인 캠핑카 브랜드로, 미국 로드 트립(Road Trip) 문화의 상징처럼 여겨진다.

연설 음원

주요 표현 확인

vaccinate 예방 접종을 하다
do chores 집안일을 하다
watch soap operas 일일드라마를 보다
every few summers 몇 년에 한 번씩 여름에
hitch up (수레 등에) 매다
off we go 출발하다

in line with ~와 줄을 맞춰, ~와 함께
worship 존경하다
roll around in ~에서 뒹굴다
in the back of the car 차 뒤쪽에서
have the passenger seat 조수석에 앉다
throughout ~동안, ~내내

핵심 패턴 연습

- **belong to** ~에 속하다, ~의 것이다

  There were several clubs I **belonged to** when I was in college.
  대학 시절, 나는 몇 개의 동아리에 속해 있었다.

  Who does this wallet **belong to**?
  이 지갑은 누구의 것입니까?

- **look forward to** ~을 기대하다

  She **is looking forward to** her birthday party.
  그녀는 자신의 생일 파티를 기대하고 있다.

  I have always **looked forward to** meeting you.
  나는 늘 당신을 만나기를 기대해 왔다.

낭독 훈련

As a kid, / I spent my summers with my grandparents / on their ranch in Texas. / I helped fix windmills, / vaccinate cattle, / and do other chores. / We also watched soap operas / every afternoon, / especially "Days of Our Lives."

My grandparents belonged to a caravan club, / a group of Airstream trailer owners / who traveled together / around the US and Canada. / And every few summers, / we'd join the caravan. / We'd hitch up the Airstream / to my grandfather's car / and off we'd go / —in line with 300 other Airstream adventurers. / I loved and worshipped my grandparents. / And I really looked forward to these trips.

On one particular trip / —I was about 10 years old / —I was rolling around / in the big bench seat / in the back of the car. / My grandfather was driving, / and my grandmother / had the passenger seat. / She smoked throughout these trips, / and I hated the smell.

어린 시절, 저는 텍사스에 있는 조부모님의 목장에서 여름을 보내곤 했습니다. 그곳에서 저는 풍차를 고치고, 소에게 예방 접종을 하고, 다른 집안일들도 도왔죠. 그리고 매일 오후에는 조부모님과 함께 일일드라마를 보았는데, 특히 '우리 생애 나날들'이라는 드라마를 즐겨 보았습니다.

조부모님은 카라반 동호회의 회원이셨는데, 이 동호회는 에어스트림 트레일러를 가진 사람들이 미국과 캐나다를 함께 여행하는 모임이었습니다. 그리고 여름이면 몇 년에 한 번씩 저희도 그 여행에 참여하곤 했습니다. 저와 조부모님은 할아버지의 차에 에어스트림 트레일러를 연결한 뒤, 약 300명의 다른 에어스트림 여행자들과 함께 줄을 지어 여행을 떠났습니다. 저는 조부모님을 정말 사랑하고 존경했습니다. 그래서 늘 이 여행을 손꼽아 기다리고는 했죠.

어느 한 여행에서, 저는 차 뒷좌석의 넓은 벤치 시트 위를 데굴데굴 구르고 있었습니다. 그때 제가 한 열 살쯤이었던 것 같아요. 할아버지는 운전을 하고 계셨고, 할머니는 조수석에 앉아 계셨습니다. 할머니는 여행 내내 담배를 피우셨는데, 저는 그 냄새가 정말 싫었습니다.

SPEECH 6-2 제프 베이조스 프린스턴 대학교 졸업식 축사

At that age, I'd **take any excuse to make estimates** and **do minor arithmetic**. I'd calculate our gas mileage and figure out useless **statistics on** things like **grocery spending**. I'd been **hearing an ad campaign about** smoking. I can't remember the details, but basically, the ad said: "Every puff of a cigarette takes some number of minutes off of your life." I think it might have been two minutes per puff.

At any rate, I decided to **do the math** for my grandmother. I estimated the number of cigarettes per day, estimated the number of puffs per cigarette, and so on.

When I was satisfied that I had **come up with** a reasonable number, I **poked my head into** the front of the car, **tapped** my grandmother **on the shoulder**, and proudly proclaimed, "At two minutes per puff, you've taken nine years off of your life!"

I have **a** very **vivid memory of what happened next**. And it was not what I had expected.

주요 표현 확인

make estimates 추산하다
do minor arithmetic 간단한 산수를 하다
statistics on ~에 대한 통계
grocery spending 식료품 지출
hear an ad campaign about ~에 대한 광고 캠페인을 듣다
at any rate 어쨌든
do the math 계산하다

poke one's head into ~의 머리를 …로 들이밀다
tap someone on the shoulder ~의 어깨를 톡톡 두드리다
a vivid memory of ~에 대한 생생한 기억
what happened next 그다음에 일어난 일

핵심 패턴 연습

- **take any excuse to**
  ~하려고 어떠한 핑계라도 대다, 기회만 있으면 ~하다

  I **take any excuse to** stay in bed longer.
  나는 침대에 더 오래 누워 있으려고 어떠한 핑계든 댄다.

  He **takes any excuse to** skip homework.
  그는 기회만 되면 어떻게든 숙제를 안 할 구실을 찾는다.

- **come up with** 떠올리다, (생각을) 고안해 내다

  She always **comes up with** great ideas.
  그녀는 항상 좋은 아이디어를 생각해 낸다.

  Can you **come up with** a solution right now?
  지금 당장 해결책을 고안해 낼 수 있나요?

낭독 훈련

/ 끊어 읽기   ● 강세 넣기

At that age, / I'd take any excuse to make estimates / and do minor arithmetic. / I'd calculate our gas mileage / and figure out useless statistics / on things like grocery spending. / I'd been hearing an ad campaign / about smoking. / I can't remember the details, / but basically, the ad said: / "Every puff of a cigarette / takes some number of minutes / off of your life." / I think it might have been two minutes / per puff.

At any rate, / I decided to do the math / for my grandmother. / I estimated the number of cigarettes per day, / estimated the number of puffs / per cigarette, / and so on.

When I was satisfied / that I had come up with a reasonable number, / I poked my head / into the front of the car, / tapped my grandmother on the shoulder, / and proudly proclaimed, / "At two minutes per puff, / you've taken nine years / off of your life!"

I have a very vivid memory / of what happened next. / And it was not what I had expected.

그 나이의 저는 뭐든 계산하고 간단히 암산하는 걸 좋아했습니다. 차의 연비를 계산하거나, 식료품에 쓴 돈에 대해 별 의미 없는 통계를 내는 식으로요. 그 당시 저는 흡연에 관한 광고 캠페인을 자주 봤어요. 자세한 내용은 기억나지 않지만, 간단히 말하면 광고는 이런 내용이었습니다. "담배를 한 모금 피울 때마다 당신의 생명이 몇 분씩 줄어듭니다." 제가 기억하기로는 아마 한 모금당 2분이었던 것 같아요.

어쨌든, 저는 할머니를 위해 그 계산을 해 보기로 했습니다. 하루에 피우는 담배 개수를 어림잡고, 담배 한 개비당 몇 모금을 피우는지 추정하고, 그런 식으로 계산을 이어 갔습니다.

마침내 꽤 그럴듯한 숫자를 도출해 냈다고 만족한 저는 앞좌석으로 머리를 들이밀고 할머니의 어깨를 톡톡 두드렸습니다. 그리고 자랑스럽게 말했습니다. "담배 한 모금에 2분씩이면, 할머니는 지금 수명이 9년 정도 줄어든 거예요!"

그다음에 일어난 일을 저는 지금도 아주 생생히 기억합니다. 그건 제가 예상했던 반응이 아니었습니다.

제프 베이조스 프린스턴 대학교 졸업식 축사

I **expected to be applauded for** my cleverness and **arithmetic skills**. "Jeff, you're so smart! You had to have made some tricky estimates, figured out the number of minutes in a year, and **done some division**."

That's not what happened. Instead, my grandmother **burst into tears**. I sat in the back seat and didn't know what to do while my grandmother was crying. My grandfather, who'd been driving in silence, **pulled over** onto **the shoulder of the highway**. He got out of the car, **came around**, opened my door, and waited for me to follow. Was I in trouble?

My grandfather was a highly intelligent, quiet man. He had never **said a harsh word to** me—and maybe this was to be the first time. Or maybe he would ask that I get back in the car and **apologize to** my grandmother. I **had no experience in** this realm with my grandparents, and no way to **gauge** what the consequences might be.

주요 표현 확인

expect to ~하기를 기대하다
be applauded for ~에 대해 칭찬을 받다, ~에 대해 박수를 받다
arithmetic skills 산수 실력
do some division 나눗셈을 하다
the shoulder of the highway 고속도로의 갓길
come around 주위를 돌아오다

say a harsh word to someone ~에게 심한 말을 하다
apologize to someone ~에게 사과하다
have no experience in ~에 대한 경험이 없다
gauge 알아내다, 판단하다

핵심 패턴 연습

- **burst into tears** 갑자기 울음을 터뜨리다, 눈물이 터지다

  She **burst into tears** after hearing the news.
  그녀는 그 소식을 듣고 울음을 터뜨렸다.

  My son **burst into tears** when I left the room.
  내가 방을 나가자 우리 아들이 울음을 터뜨렸다.

- **pull over** 차를 잠시 세우다

  The police officer told me to **pull over**.
  경찰관이 나에게 차를 잠시 세우라고 했다.

  She **pulled over** to answer the phone safely.
  그녀는 전화를 안전하게 받기 위해 차를 잠시 세웠다.

I expected to be applauded / for my cleverness / and arithmetic skills. / "Jeff, you're so smart! / You had to have made some tricky estimates, / figured out the number of minutes / in a year, / and done some division."

That's not what happened. / Instead, / my grandmother burst into tears. / I sat in the back seat / and didn't know what to do / while my grandmother was crying. / My grandfather, / who'd been driving in silence, / pulled over onto the shoulder of the highway. / He got out of the car, / came around, / opened my door, / and waited for me to follow. / Was I in trouble?

My grandfather / was a highly intelligent, quiet man. / He had never said a harsh word to me / —and maybe this was to be the first time. / Or maybe he would ask that / I get back in the car / and apologize to my grandmother. / I had no experience in this realm / with my grandparents, / and no way to gauge / what the consequences might be.

저는 제 영리함과 계산 실력을 칭찬받을 줄 알았습니다. "제프, 너 정말 똑똑하구나! 복잡한 추정을 몇 개나 하고, 1년이 몇 분인지도 계산하고, 나눗셈까지 했겠네."

하지만 그런 일은 일어나지 않았습니다. 대신, 할머니는 갑자기 눈물을 터트리셨습니다. 저는 뒷좌석에 앉아, 할머니가 우시는 동안 무엇을 해야 할지 몰랐습니다. 아무 말 없이 조용히 운전을 하고 계시던 할아버지가 고속도로 갓길에 차를 세우셨습니다. 할아버지는 차에서 내리시더니, 제 쪽으로 돌아와서는 제 문을 열고, 제가 따라 나오기를 기다리셨습니다. 저는 혼났을까요?

저희 할아버지는 매우 지적이고 과묵한 분이셨습니다. 제게 언성을 높이신 적이 단 한 번도 없었는데, 어쩌면 이번이 그 첫 사례가 될지 모르겠습니다. 아니면, 저를 다시 차에 태워 할머니께 사과를 시키시려는 걸지도 몰랐죠. 어쨌든 저는 조부모님과 이런 상황을 겪어 본 적이 없어서, 무슨 일이 벌어질지 전혀 예측이 되지 않았습니다.

SPEECH 6-4 제프 베이조스 프린스턴 대학교 졸업식 축사

We stopped beside the trailer. My grandfather looked at me, and **after a bit of silence**, he gently and calmly said, "Jeff, one day, you'll understand that **it's harder to** be kind than clever."

What I want to talk to you about today is the **difference between** gifts and choices. **Cleverness** is a gift. **Kindness** is a choice.

Gifts are easy—they're given, **after all**. Choices can be hard. You can **seduce yourself with** your gifts if you're not careful. And if you do, it will probably be **to the detriment of** your choices.

This is a group with many gifts. I am sure one of your gifts is the gift of a **smart and capable brain**. I am confident **that's the case**, because **admission** is competitive, and if there weren't some signs that you're clever, **the Dean of Admissions** wouldn't have **let** you **in**.

주요 표현 확인

after a bit of silence 잠시 침묵이 흐른 뒤에

it's harder to ~하는 것이 더 어렵다

difference between ~의 차이점

cleverness 똑똑함, 명석함

kindness 친절함, 선함

after all 결국

smart and capable brain 똑똑하고 유능한 두뇌

That's the case. 실제로 그렇다.

admission 입학

the Dean of Admissions 입학처장

let someone in ~를 들이다

핵심 패턴 연습

- **seduce oneself with** ~에 스스로 도취되다

    He **seduced himself with** the idea that he was always right.
    그는 자신이 항상 옳다는 생각에 스스로 도취되었다.

    She **seduced herself with** her early success and stopped trying.
    그녀는 초반의 성공에 도취되어 더 이상 노력하지 않았다.

- **to the detriment of** ~에 해가 되는, ~을 희생하면서

    That decision was **to the detriment of** our company's reputation.
    그 결정은 우리 회사의 명성에 해가 되었다.

    The company cut costs, **to the detriment of** product quality.
    그 회사는 제품의 품질을 희생하면서까지 비용을 절감했다.

낭독 훈련

/ 끊어 읽기   ● 강세 넣기

We stopped beside the trailer. / My grandfather looked at me, / and after a bit of silence, / he gently and calmly said, / "Jeff, / one day, / you'll understand that it's harder to be kind / than clever."

What I want to talk to you about today / is the difference between gifts / and choices. / Cleverness is a gift. / Kindness is a choice.

Gifts are easy / —they're given, after all. / Choices can be hard. / You can seduce yourself with your gifts / if you're not careful. / And if you do, / it will probably be / to the detriment of your choices.

This is a group with many gifts. / I am sure one of your gifts / is the gift of a smart and capable brain. / I am confident that's the case, / because admission is competitive, / and if there weren't some signs / that you're clever, / the Dean of Admissions / wouldn't have let you in.

저와 할아버지는 트레일러 옆에 멈춰 섰습니다. 할아버지는 저를 바라보셨고, 잠시 침묵이 흐른 후에, 부드럽고 차분하게 말씀하셨습니다. "제프, 언젠가는 알게 될 거다. 똑똑한 사람이 되는 것보다 친절한 사람이 되는 게 더 어렵다는 것을."

오늘 저는 여러분에게 '재능'과 '선택'의 차이에 대한 이야기를 해 드리고 싶습니다. 영리함은 타고나는 '재능'이고, 친절함은 '선택'입니다.

재능은 쉽습니다. 어차피 타고나는 것이니까요. 반면, 선택은 어렵습니다. 조심하지 않으면, 자기 재능에 도취되기 쉽습니다. 그리고 만약 그렇게 된다면, 그건 아마 여러분의 선택에 해가 될 것입니다.

여기 있는 여러분은 많은 재능을 가진 사람들입니다. 그리고 그 많은 재능 중 하나가 분명 '총명하고 유능한 두뇌'라고 생각합니다. 실제로도 그렇다고 확신합니다. 왜냐하면 이곳에 입학하기 위한 경쟁은 치열하고, 여러분이 똑똑하다는 어떤 증거가 없었다면, 입학처장님은 절대 여러분을 받아 주지 않았을 테니까요.

SPEECH 6-5 제프 베이조스 프린스턴 대학교 졸업식 축사

Your smarts will **come in handy** because you will travel in **a land of marvels**. We humans, **plodding** as we are, will **astonish ourselves**. We'll invent ways to **generate clean energy** and a lot of it. **Atom by atom**, we'll assemble small machines that can **enter cell walls** and **make repairs**. This month comes the extraordinary but inevitable news that we've **synthesized life**. And **in the coming years** we'll not only synthesize it, but **engineer** it **to specifications**.

I believe you'll even see us understand the human brain. Jules Verne[1], Mark Twain[2], Galileo, Newton, all the curious from the ages would have wanted to be alive most of all right now. As a civilization, we will have so many gifts. Just as you, as individuals, have so many individual gifts as you sit before me. How will you use these gifts? And will you **take pride in** your gifts or pride in your choices?

I got the idea to start Amazon 16 years ago. **I came across the fact that** Web usage was growing at 2,300% per year. I had never seen or heard of anything that grew that fast.

---

1 Jules Verne 쥘 베른. 공상 과학 소설 분야를 개척한 프랑스의 작가. 대표작으로 《80일간의 세계 일주》가 있다.
2 Mark Twain 마크 트웨인. '미국 문학의 아버지'로 평가받는 작가. 대표작으로 《톰 소여의 모험》이 있다.

주요 표현 확인

come in handy
도움이 되다, 유용하다

a land of marvels
놀라운 세상, 경이로운 땅

plodding 꾸준히(느릿느릿) 하는

astonish oneself
스스로를 놀라게 하다

generate clean energy
친환경 에너지를 만들다

atom by atom
원자 하나하나씩, 매우 정밀하게

enter cell walls
세포벽 안으로 들어가다

make repairs 수리하다

synthesize life
생명을 인공적으로 만들어 내다, 생명을 합성하다

in the coming years
향후 몇 년 안에

engineer something to specifications
(원하는) 기준에 맞게 설계하다

get the idea to ~할 아이디어를 얻다

핵심 패턴 연습

- **take pride in** ~에 자부심을 느끼다, ~을 자랑스러워하다

  She **takes pride in** her academic achievements.
  그녀는 자신의 학업적 성취에 자부심을 느낀다.

  We **take pride in** being honest and fair.
  우리는 정직하고 공정한 것을 자랑스럽게 여긴다.

- **come across the fact that** ~라는 사실을 우연히 알게 되다

  They **came across the fact that** the company had been sold.
  그들은 회사가 매각됐다는 사실을 우연히 알게 되었다.

  We **came across the fact that** we had mutual friends.
  우리는 서로 같이 알고 지내는 친구가 있다는 사실을 우연히 알게 되었다.

낭독 훈련

Your smarts will come in handy / because you will travel / in a land of marvels. / We humans, / plodding as we are, / will astonish ourselves. / We'll invent ways to generate clean energy / and a lot of it. / Atom by atom, / we'll assemble small machines / that can enter cell walls / and make repairs. / This month comes the extraordinary / but inevitable news / that we've synthesized life. / And in the coming years / we'll not only synthesize it, / but engineer it to specifications.

I believe you'll even see us / understand the human brain. / Jules Verne, / Mark Twain, Galileo, / Newton, / all the curious from the ages / would have wanted to be alive / most of all right now. / As a civilization, / we will have so many gifts. / Just as you, / as individuals, / have so many individual gifts / as you sit before me. / How will you use these gifts? / And will you take pride in your gifts / or pride in your choices?

I got the idea to start Amazon / 16 years ago. / I came across the fact that Web usage / was growing at 2,300% per year. / I had never seen / or heard of anything / that grew that fast.

여러분의 총명함은 분명 앞으로 큰 힘이 될 겁니다. 왜냐하면 여러분은 경이로움으로 가득한 세상을 여행하게 될 테니까요. 우리 인간은 비록 느릿느릿 나아가지만, 우리 스스로를 깜짝 놀라게 할 겁니다. 청정에너지를 대량으로 만드는 방법을 발명하고, 원자 하나하나를 조립해 세포벽 안으로 들어가 손상된 부분을 고칠 수 있는 작은 기계를 만들어 낼 겁니다. 이번 달에는 놀랍지만 결국 예견된 일이었던, 우리가 생명을 합성해 냈다는 소식이 전해졌습니다. 그리고 앞으로 몇 년 안에, 우리는 단순히 생명을 합성하는 것을 넘어, 원하는 기준에 맞춰 생명체를 직접 설계하게 될 겁니다.

저는 언젠가 우리가 인간의 뇌까지 이해하게 될 거라고 믿습니다. 쥘 베른, 마크 트웨인, 갈릴레오, 뉴턴, 그리고 시대를 막론한 모든 호기심 많은 사람들이 가장 살고 싶어 했을 시대가 바로 지금일 겁니다. 우리 문명 전체가 엄청난 재능을 갖게 될 겁니다. 지금 제 앞에 앉아 있는 여러분도 한 명 한 명 수많은 재능을 가지고 있고요. 여러분은 그 재능을 어떻게 쓸 건가요? 그리고 '재능 그 자체'를 자랑스럽게 여길 건가요, 아니면 여러분의 '선택'을 자랑스럽게 여길 건가요?

저는 16년 전에 아마존을 시작할 아이디어를 떠올렸습니다. 웹 사용량이 연간 2,300%씩 증가하고 있다는 사실을 우연히 알게 되었죠. 저는 그전까지 그렇게 빠르게 성장하는 무언가를 본 적도, 들어 본 적도 없었습니다.

제프 베이조스 프린스턴 대학교 졸업식 축사

The idea of building an **online bookstore** with millions of **titles**, something that simply couldn't exist in the **physical world**, was very exciting to me. I'd **just turned 30 years old** and I had **been married for** a year. I told my wife MacKenzie[1] that I wanted to **quit my job** and go do this crazy thing that probably wouldn't **work**, since most **start-ups** don't, and I wasn't sure what would happen after that. MacKenzie, also a Princeton **grad** and sitting here in the second row, told me I should **go for** it.

As a young boy, I had been a garage inventor. I had invented an automatic gate closer **out of** cement-filled tires, a solar cooker that didn't **work** very well **out of** an umbrella and aluminum foil, baking pan alarms to entrap my siblings. I'd always wanted to be an inventor and she wanted me to **follow my passion**.

I was **working at** a **financial firm** in New York City with a bunch of very smart people, and I had a brilliant boss I much admired.

---

1 MacKenzie 매켄지. 본명은 매켄지 스콧(MacKenzie Scott)이며, 미국의 소설가이자 자선사업가이다. 2019년에 제프 베이조스와 이혼했다.

주요 표현 확인

online bookstore 온라인 서점
title 서적, 출판물
physical world 현실 세계
just turn 30 years old 이제 막 서른 살이 되다
be married for ~ (기간) 동안 결혼한 상태이다, 결혼한 지 ~ 되다
quit one's job ~의 직장을 그만두다

work 잘되다, 효과가 있다
start-up 신생 기업, 스타트업
grad 졸업생(= graduate)
out of ~으로부터, ~에서
work at ~에서 일하다, ~에서 근무하다
financial firm 금융 회사

핵심 패턴 연습

- **go for something** ~을 한번 해 보다, 도전해 보다

  That's your dream job—**go for** it!
  네가 꿈꾸던 일이니 한번 도전해 봐!

  He didn't know if he could do it, but he **went for** it anyway.
  그는 자신이 해낼 수 있을지 알 수 없었지만, 그래도 한번 도전해 보았다.

- **follow one's passion** ~의 열정을 따르다

  He **followed his passion** for animals and became a vet.
  그는 동물에 대한 열정을 따라 수의사가 되었다.

  Many people dream of **following their passion** in life.
  많은 사람들이 자신의 열정을 따라가는 인생을 꿈꾼다.

낭독 훈련

The idea of building an online bookstore / with millions of titles, / something that simply couldn't exist / in the physical world, / was very exciting to me. / I'd just turned 30 years old / and I had been married for a year. / I told my wife MacKenzie / that I wanted to quit my job / and go do this crazy thing / that probably wouldn't work, / since most start-ups don't, / and I wasn't sure / what would happen after that. / Mackenzie, also a Princeton grad / and sitting here in the second row, / told me I should go for it.

As a young boy, / I had been a garage inventor. / I had invented an automatic gate closer / out of cement-filled tires, / a solar cooker that didn't work very well / out of an umbrella / and aluminum foil, / baking pan alarms / to entrap my siblings. / I'd always wanted to be an inventor / and she wanted me / to follow my passion.

I was working at a financial firm / in New York City / with a bunch of very smart people, / and I had a brilliant boss / I much admired.

수백만 권의 책을 갖춘 온라인 서점을 만들겠다는 생각에 저는 흥분을 감출 수 없었습니다. 그런 서점은 그야말로 현실 세계에는 존재할 수 없는 것이었으니까요. 그때 저는 막 서른 살이 되었고, 결혼한 지는 1년이 된 시점이었습니다. 저는 제 아내 매켄지에게 직장을 그만두고 이 말도 안 되는 일을 하고 싶다고 말했습니다. 대부분의 스타트업이 실패하듯, 아마도 성공하지 못할 일을 말이죠. 그리고 앞으로 어떤 일이 일어날지는 저도 확신할 수 없었습니다. 그런데 프린스턴 졸업생이자 지금 이 자리 둘째 줄에 앉아 있는 매켄지는 저에게 한번 도전해 보라고 말했습니다.

어렸을 때, 저는 차고에서 발명품을 만드는 발명가였습니다. 시멘트를 채운 타이어로 자동 문닫힘 장치를 만드는가 하면, 우산과 알루미늄 포일로 잘 작동하지 않는 태양열 조리기를 만들거나, 형제자매를 잡기 위해 베이킹 팬 알람 장치 등을 만들기도 했습니다. 저는 항상 발명가가 되고 싶었고, 아내는 그런 제가 그 열정을 따라 살기를 바랐습니다.

그 당시 저는 뉴욕에 있는 한 금융 회사에서 매우 똑똑한 사람들과 함께 일하고 있었고, 제가 매우 존경하던 훌륭한 상사도 있었습니다.

SPEECH 6-7 제프 베이조스 프린스턴 대학교 졸업식 축사

I went to my boss and told him I was going to start a company selling books **on the Internet**. He **took** me **on a long walk** in Central Park[1], **listened carefully to** me, and finally said, "That **sounds like** a really good idea. But it would be an even better idea for someone who didn't already have a good job." That logic made some sense to me, and he **convinced** me **to** think about it for 48 hours before **making a final decision**.

Seen in that light, it really was a difficult choice. But ultimately, I decided I had to **give it a shot**. I didn't think I'd regret trying and failing. And I suspected I would always **be haunted by** a decision not to try at all. After much consideration, I **took the less safe path** to follow my passion—and I'm proud of that choice.

Tomorrow, **in a very real sense**, your life—the life you **author from scratch** on your own—begins. How will you use your gifts? What choices will you make? Will **inertia** be your guide, or will you follow your passions?

---

1 **Central Park** 센트럴 파크. 뉴욕 맨해튼 중심부에 위치한 대규모 공원으로, 미국에서 가장 많은 방문객이 찾는 공원 중 하나이다.

연설 음원

주요 표현 확인

on the Internet
인터넷에서, 온라인에서

take someone on a long walk ~를 데리고 오랫동안 산책하다

listen carefully to
~을 주의 깊게 듣다

sound like ~처럼 들리다

make a final decision
최종 결정을 내리다

seen in that light 그 시각에서 보면

give it a shot 시도해 보다

take the less safe path
덜 안전한 길을 선택하다

in a very real sense
(어떤 의미에서는) 정말로, 실제로

author 쓰다, 저술하다

from scratch 맨 처음부터

inertia 관성

핵심 패턴 연습

- **convince someone to** ~가…하도록 설득하다

    She **convinced** me **to** try new food.
    그녀는 내가 새로운 음식을 먹어 보도록 설득했다.

    They **convinced** her **to** join the team.
    그들은 그녀가 팀에 들어오도록 설득했다.

- **be haunted by** 후회하며 시달리다

    He **was haunted by** his decision to quit.
    그는 그만두기로 한 결정에 대해 후회하며 시달렸다.

    I **am haunted by** the thought that I could have stopped the accident.
    나는 그 사고를 막을 수도 있었다는 생각에 계속 시달리고 있다.

낭독 훈련

/ 끊어 읽기   ● 강세 넣기

I **went** to my **boss** and **told** him / I was **go**ing to **start** a **com**pany / selling **books** on the **In**ternet. / He **took** me on a **long walk** / in **Cen**tral **Park**, / **lis**tened **ca**refully to me, / and **fi**nally said, / "**That** sounds like a **real**ly **good idea**. / But it would be an **e**ven **bet**ter i**dea** / for **so**meone who **didn't** al**rea**dy have a **good job**." / **That lo**gic **ma**de some **sen**se to me, / and he con**vin**ced me / to **think** about it for **48** hours / before **ma**king a **fi**nal de**ci**sion.

Seen in **that light**, / it **real**ly was a **dif**ficult **choi**ce. / But **ul**timately, / I de**ci**ded I had to **gi**ve it a **shot**. / I **didn't** think I'd re**gret** / **try**ing and **fail**ing. / And I sus**pect**ed / I would **al**ways be **haunt**ed by a de**ci**sion / **not** to **try** at **all**. / After **much** conside**ra**tion, / I **took** the **less** safe **path** / to **fol**low my **pas**sion / —and I'm **proud** of that **choi**ce.

To**mor**row, / in a **ve**ry real **sen**se, / your **li**fe / —the **li**fe you **au**thor from **scratch** / on your **own** / —be**gins**. / **How** will you **use** your **gifts**? / What **choi**ces will you **ma**ke? / Will in**er**tia / be your **guide**, / or will you **fol**low / your **pas**sions?

저는 제 상사에게 가서, 인터넷에서 책을 파는 회사를 시작하려 한다고 말했습니다. 그러자 상사는 저를 데리고 센트럴 파크로 가서 한참을 걸었습니다. 그리고 제 이야기를 주의 깊게 듣더니 이렇게 말했습니다. "정말 좋은 아이디어 같군. 하지만 그건 이미 좋은 직장을 가진 사람보다 직장이 없는 사람에게 더 좋은 아이디어일 걸세." 그 말은 저에게도 어느 정도 일리 있게 들렸고, 상사는 최종 결정을 내리기 전에 48시간 동안 더 생각해 보라고 저를 설득했습니다.

그 관점에서 보면, 정말 쉽지 않은 결정이었습니다. 하지만 결국, 저는 도전해 보기로 했습니다. 만약 도전했다가 실패하더라도 그걸 후회하지는 않을 것 같았거든요. 하지만 시도조차 하지 않는다면, 그건 저를 평생 따라다니며 괴롭힐 것 같았습니다. 많은 고민 끝에, 저는 덜 안전하지만 제 열정을 따르기로 했습니다. 그리고 저는 그 선택을 자랑스럽게 생각합니다.

내일부터는 말 그대로 여러분의 인생, 그러니까 처음부터 새로 써 내려가는 여러분만의 인생이 시작됩니다. 여러분은 자신의 재능을 어떻게 사용할 건가요? 어떤 선택을 할 건가요? 관성에 따라 살 건가요, 아니면 자신의 열정을 따라 살 건가요?

SPEECH 6-8 제프 베이조스 프린스턴 대학교 졸업식 축사

Will you **follow dogma**, or will you **be original**? Will you choose **a life of ease**, or **a life of service and adventure**? Will you **wilt under criticism**, or will you **follow your convictions**? Will you **bluff it out** when you're wrong, or will you apologize?

Will you **guard your heart against** rejection, or will you act when you **fall in love**? Will you **play it safe**, or will you be a little swashbuckling? When it's tough, will you **give up**, or will you be relentless? Will you be a cynic, or will you be a builder? Will you be clever **at the expense of** others, or will you be kind?

I will **hazard a prediction**. When you are 80 years old and, in **a** quiet **moment of reflection**, narrating for only yourself the most personal version of your life's story, the telling that will be most compact and meaningful will be **the series of** choices you have made. **In the end**, we are our choices. Build yourself a great story. Thank you, and good luck.

주요 표현 확인

follow dogma
(비판 없이) 신조를 따르다, 고정관념을 따르다

be original 독창적으로 행동하다

a life of ease 편안한 삶

a life of service and adventure 봉사와 모험의 삶

wilt under criticism 비판에 움츠러들다

follow one's convictions ~의 신념을 따르다

bluff it out 태연한 척 얼버무리고 넘어가다

guard one's heart against ~으로부터 마음을 방어하다

fall in love 사랑에 빠지다

give up 포기하다

hazard a prediction (틀리는 셈 치고) 예측해 보다

a moment of reflection 돌아보는 시간

the series of 일련의, ~의 연속

in the end 결국, 마침내

핵심 패턴 연습

- **play it safe** 위험을 피하고 안전한 선택을 하다, 안전하게 행동하다

  I decided to **play it safe** and not invest right now.
  나는 지금은 투자하지 않고 안전하게 가기로 했다.

  Let's **play it safe** and bring an umbrella.
  비가 올지도 모르니까 안전하게 우산을 챙기자.

- **at the expense of** ~을 희생하면서, ~의 비용으로

  He built his career **at the expense of** spending time with his kids.
  그는 자녀들과 함께 보내는 시간을 희생해 가며 커리어를 쌓았다.

  He always tries to win, even **at the expense of** others.
  그는 다른 사람들을 희생해서라도 항상 이기려고 한다.

낭독 훈련

/ 끊어 읽기   ● 강세 넣기

Will you **fol**low **dog**ma, / or will you be o**ri**ginal? / Will you **choo**se a **li**fe of **ea**se, / or a **li**fe of **ser**vice / and ad**ven**ture? / Will you **wilt** under **cri**ticism, / or will you **fol**low your con**vic**tions? / Will you **bluff** it **out** / when you're **wrong**, / or will you a**po**logize?

Will you **guard** your **heart** / against re**jec**tion, / or will you **act** / when you **fall** in **lo**ve? / Will you **play** it **sa**fe, / or will you be a little **swash**buckling? / When it's **tough**, / will you give **up**, / or will you be re**lent**less? / Will you be a **cy**nic, / or will you be a **build**er? / Will you be **cle**ver / at the ex**pen**se of **o**thers, / or will you be **kind**?

I will **ha**zard a pre**dic**tion. / When you are **80** years **old** and, / in a **quiet mo**ment of re**flec**tion, / **nar**rating for only your**self** / the **most per**sonal **ver**sion of your **li**fe's **sto**ry, / the **tell**ing that will be **most** com**pact** / and **mean**ingful / will be the **se**ries of **choi**ces / you have **ma**de. / In the **end**, / we are our **choi**ces. / **Build** yourself a **great sto**ry. / **Thank** you, / and **good luck**.

여러분은 기존의 관습을 따를 건가요, 아니면 자신만의 독창적인 길을 걸어갈 건가요? 편안한 삶을 선택할 건가요, 아니면 봉사와 모험의 삶을 살 건가요? 비판 앞에서 움츠러들 건가요, 아니면 자신의 신념을 따를 건가요? 자신이 틀렸을 때 얼버무리고 넘어갈 건가요, 아니면 제대로 사과할 건가요?

사랑에 빠졌을 때 거절당할까 두려워 마음을 닫을 건가요, 아니면 행동할 건가요? 안전한 길만 택할 건가요, 아니면 조금은 대담하게 모험을 해 볼 건가요? 상황이 힘들 때 포기할 건가요, 아니면 끈질기게 버틸 건가요? 냉소적인 사람이 될 건가요, 아니면 무언가를 만들어 가는 사람이 될 건가요? 다른 사람을 희생시켜 자신의 영리함을 자랑할 건가요, 아니면 친절한 사람이 될 건가요?

제가 감히 예측을 하나 해 보겠습니다. 여러분이 80세가 되어 조용히 스스로의 삶을 돌아보며, 오직 스스로에게 들려주는 가장 개인적인 이야기를 할 때, 그 이야기에서 가장 간결하고 의미 있게 남는 것은 당신이 내려 온 일련의 선택들일 것입니다. 결국, 우리는 우리의 선택이 만들어 낸 존재입니다. 여러분만의 위대한 이야기를 만들어 가십시오. 감사합니다. 그리고 행운을 빕니다.

연설문 요약

어릴 때 저는 숫자를 계산하고 똑똑한 말을 하는 것을 즐겼어요. 하루는, 담배를 피우시던 할머니에게 제가 이렇게 말했어요. "할머니, 이 담배는 할머니의 수명을 줄어들게 해요." 저는 똑똑하다는 칭찬을 들을 줄 알았는데, 할머니는 조용히 눈물을 흘리셨어요. 그때 할아버지가 제게 말씀하셨죠. "제프야, **영리한 사람이 되는 것보다 친절한 사람이 되는 것이 더 어렵단다.**"

그 말을 저는 평생 기억하고 있어요. **똑똑함은 타고나는 '재능'이고, 친절함은 우리가 선택하는 '결정'이에요.** 저는 우리가 내린 선택들이 우리를 만들어 긴다고 믿어요.

저는 한때 좋은 직장을 다니고 있었지만, 직장을 그만두고 **온라인 서점 '아마존'**을 시작하기로 결심했어요. 위험하고 실패할 수도 있는 일이었지만, **시도조차 하지 않으면 후회할 것 같았어요.**

여러분도 앞으로 수많은 선택을 하게 될 거예요. 그때마다 자신에게 물어보세요. "나는 어떤 사람이 되고 싶지?" 하고요. 결국 **우리는 우리가 내린 선택들로 만들어지는 사람이에요.** 그러니 용감하게 행동하고, 자신의 열정을 따르고, 스스로 자랑스러워할 인생을 살아가세요.

As a kid, I loved math and making clever comments. One day, I told my grandma, "Grandma, smoking shortens your life." I expected praise for being smart, but she quietly cried. Then my grandpa gently said, "Jeff, **it's harder to be kind than clever.**"

That moment stayed with me. **Being smart is a gift. Being kind is a choice.** I believe we become who we are through the choices we make.

I once had a great job, but I chose to leave and start an **online bookstore, Amazon**. It was risky, but I thought, if I fail, I'll be okay—but **if I never try, I'll regret it.**

You'll face many decisions in life. Each time, ask yourself: "What kind of person do I want to be?" In the end, **we are our choices.** So be bold, follow your passion, and write a life story you'll be proud to tell.

주제 토론

1 제프 베이조스는 '똑똑한 것'보다 '친절한 것'이 더 중요하다고 말합니다. 여러분이 솔직하게 한 말이 누군가에게 상처를 준 적 있나요? 사실을 말할 때 상대방이 상처받지 않도록 친절하게 전달하려면 어떻게 해야 할까요?

Jeff Bezos said that being kind is more important than just being clever. Have you ever said something honest to someone that hurt their feelings? What is a kind way to tell the truth without hurting someone's feelings?

2 제프 베이조스는 좋은 직장이 있었지만, 온라인 서점을 만들겠다는 꿈을 위해 큰 용기를 냈어요. 여러분은 어렵더라도 새롭거나 조금 두려운 일에 도전해 본 적 있나요? 그때 용기를 낼 수 있었던 이유는 무엇인가요?

Jeff Bezos used to have a good job, but he took a big risk to follow his dream of starting an online bookstore. Have you ever tried something new or a little scary, even if it was hard? What helped you be brave?

3 제프 베이조스는 "결국 우리는 우리의 선택으로 만들어진 존재"라고 말했습니다. 여러분이 지금까지 살아오면서 정말 잘했다고 생각하는 한 가지 '선택'은 무엇인가요? 그 선택이 어떤 결과를 가져왔나요?

Jeff Bezos said, "In the end, we are our choices." Looking back on your life so far, what is one choice you've made that you're really proud of? What happened because of that choice?

주제 토론 **1** 예시 답변

네, 그런 적 있어요. 친구가 발표를 준비했는데, 저는 솔직하게 "발표가 조금 재미없었어."라고 말했어요. 저는 솔직하게 말하는 것이 친구를 도와주는 일이라고 생각해서 한 말이었는데, 친구는 그 말에 상처를 받았고 표정이 안 좋아졌어요. 그때 저는 "아, 맞는 말도 조심히 해야 하는구나."라는 것을 느꼈어요.

나중에는 "이 부분을 조금 더 재미있게 바꿔 보면 좋을 것 같아." 하고 말했더니 친구도 기분 나빠하지 않고 받아들였어요. 그 후로는 비판보다 제안을 섞어서 말하려고 노력하고 있어요.

낭독하는 명연설문 BOOK·3

1판 1쇄 2025년 11월 3일

지은이 이현석 새벽달(남수진) 롱테일 교육 연구소
편집 백지연 강지희 홍하늘
디자인 오현정
마케팅 두잉글 사업본부

펴낸이 이수영
펴낸곳 롱테일북스
출판등록 제2015-000191호
주소 04033 서울특별시 마포구 양화로 113, 3층(서교동, 순흥빌딩)
전자메일 team@ltinc.net

이 도서는 대한민국에서 제작되었습니다.
롱테일북스는 롱테일㈜의 출판 브랜드입니다.

ISBN 979-11-93992-51-7 13740